Anoressia

i veri colpevoli
gruppi sanguigni e trauma

Premio Cesare Pavese 2013
Medici Scrittori Saggistica
Motivazione della Giuria:
*"Lorenzo Bracco fa un'approfondita ricerca dei veri colpevoli
e indica nuove prospettive per conoscere e curare un
profondo malessere esistenziale".*

Lorenzo Bracco

ANORESSIA

i veri colpevoli
gruppi sanguigni e trauma

Per informazioni contattare
(for information contact):
Dott Lorenzo Bracco
Corso Marconi 37 10125 Torino (ITALIA)
Telefono: 00 39 3331632321
e-mail: lorenzobracco4@gmail.com

Il presente libro non intende sostituirsi all'opera del medico
e dello psicoterapeuta, qualora essa sia necessaria.
Medical Disclaimer: The following information is intended
for general information purposes only. Individuals should
always see their health-care provider before administering
any suggestions made in this book. Any application of the
material set forth in the following pages is at the reader's
discretion and his or her sole responsibility.

A mia madre

Indice

LA NUTRIZIONE
UN EQUILIBRIO PER LA VITA

LA NICCHIA ECOLOGICA

L'atto di nutrirsi, che ben conosciamo, è essenziale per la vita.

Secondo gli antichi cinesi, la nutrizione e la successiva digestione rientrano nelle funzioni connesse con l'elemento Terra e consistono nella trasformazione di ciò che è esterno in ciò che è interno. Per l'antica medicina cinese i problemi dell'individuo col mondo esterno possono sovente esprimersi attraverso problemi nutrizionali e digestivi. D'altra parte problemi nutrizionali e digestivi possono sovente indurre nell'individuo un diverso atteggiamento verso il mondo esterno.

Alimentarsi è per l'uomo elemento chiave di equilibrio tra il suo mondo interno e il mondo esterno, ovvero della sua omeostasi. Ne consegue che problemi alimentari possono interferire nei rapporti col mondo e quelli di rapporto col mondo si traducono sovente in problemi alimentari.

Nutrirsi vuol dire assumere nella giusta quantità ciò che è idoneo per l'organismo. E' scegliere, guidati dai propri bisogni e da un sano istinto, il nutrimento che pernette di trovare il giusto equilibrio, come fa il gatto quando sceglie erba da erba.

In natura ogni specie animale è caratterizzata da un modo specifico di nutrirsi, di comportarsi, di rapportarsi con l'ambiente, insomma di vivere. L'insieme di tutti questi elementi prende il nome di nicchia ecologica.

Per ogni animale è fondamentale vivere nel rispetto della propria nicchia ecologica, forzarla è sempre un rischio. Ne è esempio il così detto morbo della "mucca pazza" conseguente all'aver trasformato la mucca da erbivora in mangiatrice di proteine animali.

L'uomo, capace di pensare fino ai più alti livelli filosofici e scientifici, fa comunque parte del regno animale e come ogni specie animale anch'egli ha una sua nicchia ecologica.

Ogni nicchia ecologica sottende una Dieta della Nicchia Ecologica, DNE®, dando alla parola dieta il significato che aveva nel greco antico comprendente non solo l'alimentazione, ma anche il movimento fisico e il modo di vivere.

Un sano modo di vivere, secondo la propria DNE, permette alla vita di fluire secondo natura aiutando anche la vita psichica ed emozionale. Non a caso gli antichi romani dicevano "Mens sana in corpore sano".

ALIMENTAZIONE SQUILIBRATA
E DISTURBI ALIMENTARI

Fattori esistenziali e psicologici possono indurre comportamenti nutrizionali nei quali l'alimentazione è squilibrata sia nella scelta dei suoi componenti sia nella quantità, che può essere in eccesso o in difetto. Questi comportamenti nutrizionali sono i così detti disturbi alimentari. Si tratta di scelte alimentari che non sono dettate né da razionalità né da istinto, ma da disagio esistenziale che agisce come una trappola alterando la percezione della realtà e di conseguenza le reazioni ad essa, generando comportamenti che possono arrivare ad avere aspetti disvitali. Alla base di questo disagio vi sono eventi vissuti come traumatici che hanno alterato il modo di funzionare dell'individuo relativamente alla percezione. Come già diceva il filosofo dell'antica Grecia Epicuro «Nessuno sceglie il male sapendo che è un male, ma ne resta intrappolato se, per sbaglio, lo considera un bene rispetto ad un male maggiore».

Nutrirsi vuol dire saper scegliere qualità e quantità degli alimenti in funzione del proprio bene. Ciò è diventato più problematico in un mondo in cui si sono alterati molti equilibri ecologici e in cui la pubblicità è fortemente condizionante. Questa maggiore difficoltà può portare già di per sé ad una cattiva nutrizione che può essere peggiorata anche dall'ignoranza, dalla pigrizia o dall'osservanza della moda. Il tutto può portare ad un'esasperazione dei disturbi alimentari.

La cattiva alimentazione, indipendentemente da cosa sia causata, è fonte di trauma per l'individuo con non poche conseguenze fisiche, emozionali e psichiche. Per rendersi conto di come la nutrizione sia stata considerata condizionante per la vita non solo fisica ma anche emozionale e psichica, si pensi agli ordini monastici di tutte le religioni i quali, proprio in funzione di una evoluzione emozionale, psichica e spirituale, proponevano regole alimentari ben precise.

Vi è un'interdipendenza, un condizionamento reciproco tra nutrizione e psiche: la psiche condiziona la nutrizione, ma anche la nutrizione condiziona la psiche, basti pensare alle dipendenze alimentari. Il gioco tra nutrizione e psiche può diventare sempre più serrato.

Nutrizione e psiche devono essere prese ambedue in considerazione quando si parla di disturbi alimentari, sia quelli in eccesso sia quelli in difetto, anoressia compresa.

I disturbi alimentari sono caratterizzati da una dieta non idonea, sia come stile di vita che come alimentazione.

Nella società baciata dal così detto benessere sempre più frequentemente vi sono persone vittime di disturbi alimentari con un'alimentazione squilibrata sia nella scelta che nella quantità dei cibi. Questo può apparire paradossale perché non si parla di società povere, in cui vi sono difficoltà nei corretti approvvigionamenti alimentari, ma di società benestanti, in cui, volendo, può non mancare nulla, tanto meno l'alimentazione giusta.

I disturbi alimentari sono caratterizzati da una nutrizione che, oltre a essere il più delle volte squilibrata nella scelta dei suoi componenti, è in eccesso o in difetto rispetto ai fabbisogni energetici dell'individuo.

Percentualmente oggi sono più frequenti i disturbi alimentari in cui l'assunzione del cibo è eccessiva come apporto calorico. Il risultato per l'individuo è che il peso corporeo aumenta, arrivando al sovrappeso e, nei casi più gravi, all'obesità. Mantenere il giusto peso corporeo è diventato per molti una dura conquista e per rendersi conto dell'importanza sociale del problema basta osservare dal giornalaio quante riviste pubblicizzano diete miracolose per perdere peso.

L'OMS già nel 1997 dichiarò la presenza "dell'epidemia globale dell'obesità" e la riconobbe come causa di primaria importanza per l'incremento delle patologie ad essa correlate (ipertensione, malattie cardiovascolari, diabete, tumori, ecc.). L'obesità può essere considerata l'emergenza sanitaria di questi anni.

I disturbi alimentari in difetto sono oggi meno frequenti di quelli in eccesso, ma non per questo meno importanti. Essi portano a mangiare troppo poco, con una dieta squilibrata e insufficiente come apporto calorico, e provocano la diminuzione del peso corporeo che può arrivare anche a mettere in pericolo la vita, come nelle forme più severe di anoressia.

L'ANORESSIA

Il termine anoressia sta a indicare un grave rifiuto del cibo dovuto al manifestarsi di un malessere esistenziale.

L'anoressia è un disturbo alimentare in cui il rifiuto del cibo nei casi più gravi può essere totale e protrarsi nel tempo. Nell'anoressia grave, esaurite le scorte di grasso, il corpo per avere l'energia di cui abbisogna comincia a usare come combustibile le proteine dei muscoli. Questo avviene ad opera dell'ormone cortisolo di cui l'organismo a digiuno aumenta la produzione. Tale ormone in quantità eccessiva è causa di stress ed è, come una droga, euforizzante, anestetizzante e induce senso di sazietà. Ne consegue il desiderio di restare nella situazione anoressica e la difficoltà di uscirne una volta instaurata. Le forme più gravi di anoressia, non debitamente curate, possono portare alla morte.

L'anoressia è oggi in aumento nello stile di vita occidentale, cosa che può apparire paradossale se si considera l'abbondanza e la varietà alimentare di cui si dispone.

Il termine anoressia sottende però situazioni esistenziali assai diverse: la si riscontra in giovani donne all'adolescenza, ma, seppur più raramente, anche in altra età ed anche nel sesso maschile. Definire di quale anoressia si tratti è importante, perché esse possono avere origini diverse, un diverso iter, un diverso cammino per la loro soluzione.

Per poter prevenire e curare l'anoressia è bene distinguere tra:
- *Anoressia indipendente da sesso ed età*: ovvero l'anoressia che può insorgere a qualsiasi età sia nei maschi che nelle femmine.
- *Anoressia adolescenziale femminile*: ovvero l'anoressia che insorge nel sesso femminile nell'adolescenza.

Anoressia indipendente da sesso ed età

L'anoressia indipendente da sesso ed età può insorgere sia nel sesso maschile che in quello femminile a qualsiasi età. Spesso si presenta dopo un periodo di stress estremo, conseguente al tentativo di farsi accettare da una società o da un contesto famigliare da cui non ci si sente amati, oppure conseguente a una situazione vissuta come esclusione, ad esempio distacco dalla famiglia, divorzio, licenziamento, pensionamento, ecc.. Nel tentativo di ottenere l'amore la persona "ha dato, ha dato" fino a sentirsi senza più risorse ed esasperata cade nella depressione. Questa depressione può assumere aspetti particolarmente gravi ed essere anche causa di disturbi alimentari.
Questi disturbi alimentari oggi sfociano il più delle volte in un'assunzione eccessiva di cibo, in quanto la persona cerca nel cibo la compensazione alle proprie carenze affettive. Altre volte questi disturbi alimentari possono sfociare in un'assunzione insufficiente di cibo, fino ad arrivare anche all'anoressia, soprattutto

quando la persona è particolarmente amareggiata dalla vita tanto da avere perso il gusto di vivere. Può anche accadere che questi disturbi sfocino, a seconda della situazione in cui si trova l'individuo, in un'assunzione del cibo a volte eccessiva e a volte insufficiente.

All'anoressia indipendente da sesso ed età e alle sue cause è dedicato il capitolo "Anoressia indipendente da sesso ed età".

Anoressia adolescenziale femminile

L'anoressia adolescenziale femminile riguarda il sesso femminile e insorge nell'adolescenza, proprio quando la femminilità dovrebbe fiorire nel farsi donna, e può presentare ricadute nel corso della vita.

Tale anoressia porta a nutrirsi in modo squilibrato e insufficiente e può avere una progressione ingravescente arrivando, in casi estremi, ad un'astensione totale dal cibo e, di conseguenza, essere causa di morte.

L'anoressia adolescenziale femminile è caratterizzata da magrezza estrema, dalla sospensione del ciclo mestruale (da almeno 3 mesi), dalla perdita delle rotondità femminili con scomparsa del seno, da una percezione distorta del proprio peso corporeo, che sembra sempre eccessivo, dalla richiesta al proprio organismo di sforzi fisici al di là delle proprie possibilità e dal rifiuto di riconoscere la gravità della propria situazione.

Questa anoressia non riguarda quelle popolazioni che ancora oggi muoiono di fame per carestie e povertà, ma colpisce invece società e strati sociali caratterizzati dal "benessere" in cui varietà e abbondanza di cibo sono a portata di mano. Si direbbe che l'anoressia adolescenziale femminile si diffonda di pari passo col diffondersi del modo di vivere occidentale contemporaneo, prova ne è che comincia a colpire gli strati sociali toccati dal benessere anche in paesi nei quali era assente fino a pochi decenni fa, come ad esempio sta capitando in India.

Nel modo di vivere occidentale contemporaneo molte sono le variabili e tra esse bisogna indagare per trovare le cause dell'anoressia. E' molto probabile che per lo scatenamento dell'anoressia adolescenziale femminile sia necessaria la presenza concomitante di più cause. E' come se l'anoressia fosse chiusa dietro una porta che necessita di più chiavi per essere aperta. Quando queste cause, come le chiavi della porta, agiscono contemporaneamente ecco che si apre la porta, ovvero l'anoressia si scatena.

La compresenza di più cause per lo scatenamento dell'anoressia spiegherebbe come questa possa migliorare o risolversi con terapie diverse. Infatti agire anche su una sola causa può far sì che l'anoressia o non si scateni se ancora latente, o evolva in modo positivo se già scatenata. Per tornare all'esempio della porta: può essere chiusa anche con una sola chiave.

Da molti autori, tra cui lo scrivente, le cause dell'anoressia sono messe in rapporto con aspetti caratteriali ed esistenziali della giovane nel suo rapportarsi con se stessa, con la madre e con l'ambiente che la circonda, conseguenti a uno o più traumi, non debitamente lavorati in terapia, di quel tempo che va dal concepimento alla nascita compresa. Di questo parleremo nel capitolo "Concausa dell'anoressia adolescenziale femminile: un trauma tra concepimento e nascita".

Tuttavia, a mio parere, per lo scatenamento della anoressia adolescenziale femminile è necessaria non solo la presenza di determinati aspetti caratteriali ed esistenziali della giovane, ma anche, cosa mai presa in considerazione fino ad ora, la necessaria presenza di una differenza biologica tra madre e figlia: solitamente le giovani anoressiche presentano gruppo sanguigno (0, A, B) diverso da quello della propria madre.

ANORESSIA
ADOLESCENZIALE FEMMINILE

L'ORIGINE DELLA TEORIA

Avevo preso l'abitudine, nella mia pratica medica e psicoterapeutica, di chiedere ai pazienti il gruppo sanguigno di appartenenza, perché ero incuriosito dalle teorie di James e Peter D'Adamo. Volevo verificare se la loro "Dieta dei gruppi sanguigni 0, A, B, AB" avesse una sua validità. I D'Adamo sostengono che ogni gruppo sanguigno dovrebbe avere una sua determinata dieta, sia come modo di vivere, sia come scelta alimentare nella sconfinata varietà di cibi che oggi si presentano al consumatore.

Molti anni fa domandai il gruppo sanguigno di appartenenza a una giovane anoressica accompagnata dalla propria madre, la quale era non solo molto preoccupata di dar da mangiare alla figlia, ma aveva anche nei suoi riguardi un atteggiamento di controllo che poteva apparire invasivo.

Alla mia domanda, rivolta alla giovane, rispose invece la madre dicendo di non avere lo stesso gruppo sanguigno della figlia. Il fatto che avesse risposto la madre al posto della figlia poteva essere interpretato come un'invadenza, tuttavia mi incuriosì che ci fosse una differenza di gruppo sanguigno tra madre e figlia e da quel giorno ogni volta chiesi alle giovani anoressiche il loro gruppo sanguigno e quello della propria madre.

Con mio grande stupore risultò che le giovani in questione non avevano il gruppo sanguigno della madre bensì solitamente quello del padre. Quando dico "solitamente del padre" non intendo essere polemico sulla moralità della madre, infatti si può dare il caso che genitori di gruppo sanguigno A oppure B, possano generare un figlio di gruppo sanguigno 0. Feci ricerche per vedere se esistessero statistiche a riguardo della tipizzazione dei gruppi sanguigni fra i componenti di famiglie in cui vi era un caso di anoressia, ma non risultarono studi pubblicati a questo riguardo. Nel dubbio che fossero capitati tutti a me i pochi casi di anoressia con figlie e madri di gruppi sanguigni diversi, cercai di allargare il più possibile la ricerca e cominciai a chiedere, anche al di fuori della professione, a tutte le giovani che presentavano un aspetto anoressico se sapessero il loro gruppo sanguigno e quello dei genitori. Non risparmiai nessuna occasione: amici e conoscenze anche occasionali, come ad esempio quelle fatte durante un viaggio in treno. Il risultato dell'allargamento della ricerca fu sempre il medesimo: l'anoressia adolescenziale femminile si presenta quando figlia e madre hanno gruppi sanguigni diversi.

Tale differenza, secondo questa ipotesi, sarebbe necessaria perché si manifesti l'anoressia, ma nello stesso tempo sarebbe solo una concausa: da sola non sarebbe sufficiente a scatenarla. In altre parole, nei casi di anoressia è presente la differenza di gruppo sanguigno tra madre e figlia, ma non tutti i casi in cui vi è differenza di gruppo sanguigno sfocerebbero nell'anoressia. Infatti sarebbero necessarie anche altre concause psicologiche ed esistenziali conseguenti a una sindrome post-traumatica causata da uno o più traumi avvenuti in quel tempo che va dal concepimento alla nascita compresa. Di questo parleremo nel capitolo "Concausa dell'anoressia adolescenziale femminile: un trauma tra concepimento e nascita".

LA SCOPERTA DEI GRUPPI SANGUIGNI

Il professore di origine austriaca Karl Landsteiner (1868-1943) è l'uomo a cui si deve la scoperta dei gruppi sanguigni 0, A, B, AB per la quale nel 1930 fu insignito del premio Nobel.

I suoi studi, pubblicati nel 1900 e nel 1901, riguardavano la possibilità di fare agglutinare, ovvero di fare incollare assieme, determinati globuli rossi umani con una determinata sostanza che per questa sua capacità viene chiamata agglutinina. Fu così possibile arrivare a delle distinzioni tra sangue di persone diverse e classificarlo in gruppi sanguigni: 0, A, B, AB. Infatti dimostrò, sulla superficie del globulo rosso, la possibile presenza di due antigeni che chiamò A (n-acetil-d-galattosamina) e B (d-galattosio), fondamentalmente zuccheri: se non è presente nessun antigene il gruppo sanguigno è 0, se è presente l'antigene A il gruppo sanguigno è A, se è presente l'antigene B il gruppo sanguigno è B, se sono presenti entrambi gli antigeni il gruppo sanguigno è AB.

La genialità del prof. Landsteiner non si fermò solo a questa scoperta, infatti nel 1940, già piuttosto avanti negli anni, assieme ad altri ricercatori arrivò all'identificazione del fattore Rh e dei sistemi MN e P, sempre relativi alla tipizzazione del sangue umano. Contribuì allo studio delle malattie autoimmuni e per queste sue ricerche è da considerare il padre dell'immunologia, con questa motivazione ebbe nel 1936 la cattedra onoraria dell'Università di Harvard.

La determinazione dei gruppi sanguigni 0, A, B, AB fatta dal prof. Landsteiner ha permesso le trasfusioni di sangue.

E' evidente che si può trasfondere sangue di gruppi

sanguigni identici fra donatore e ricevente: 0 con 0, A con A, B con B. Vi sono poi trasfusioni compatibili: si può infatti trasfondere sangue 0 non solo in una persona di gruppo sanguigno 0, ma anche A, oppure B, oppure AB e non si ha alcuna reazione negativa perché il gruppo 0 non presenta antigeni ed è quindi donatore universale, ma può ricevere il sangue solo da un altro gruppo sanguigno 0. Invece vi sono trasfusioni incompatibili, assolutamente da non fare: se si trasfonde sangue di gruppo sanguigno A in una persona 0 oppure B, o sangue B in una persona 0 oppure A, o sangue AB in una persona 0 oppure A oppure B si ha da parte dell'organismo della persona ricevente una risposta di anticorpi contro i globuli rossi del sangue trasfuso tale da causarne la lisi, ovvero la distruzione della membrana cellulare del globulo rosso trasfuso ad opera degli anticorpi della persona che riceve il sangue. Ne consegue che una persona di gruppo sanguigno AB può ricevere sangue da tutti i gruppi sanguigni 0, A, B, AB, ma può donarlo solo a un altro AB.

Fino ad oggi in medicina non è stata rivolta particolare attenzione alla differenza di gruppo sanguigno (0, A, B, AB) tra madre e nascituro. Invece, riguardo al fattore Rh, i rischi che si corrono nelle gravidanze di madri Rh− e di nascituro Rh+ sono ben conosciuti e, di conseguenza, si prendono le dovute cautele. Se la differenza del fattore Rh è di tale importanza tra madre e figlio, perché non farsi venire il dubbio che possa essere rilevante anche la differenza di gruppi sanguigni 0, A, B, AB, così importanti nelle trasfusioni di sangue tra individui da poter portare alla morte se incompatibili?

Secondo la mia teoria, la differenza di gruppo

sanguigno 0, A, B, AB tra madre e figlia sarebbe un parametro fondamentale da prendere in considerazione in relazione all'anoressia adolescenziale femminile.

QUANDO MADRE E NASCITURO
SONO DI GRUPPO SANGUIGNO DIVERSO

La diversità di gruppo sanguigno, come abbiamo detto, è cosa di non poco conto se consideriamo che una trasfusione di sangue di gruppo sanguigno diverso e incompatibile col proprio può portare alla morte.

Nell'utero il feto vive grazie all'interscambio placentare con cui si nutre, ossigena il sangue ed elimina le scorie. Nel caso di differenza di gruppo sanguigno tra madre e feto è molto probabile che gestire l'interscambio placentare sia un fattore di stress per il feto e forse anche per la madre. Potremmo paragonare la differenza di gruppo sanguigno (0, A, B, AB) tra madre e feto a una situazione che potrebbe realizzare una condizione di continuo allarme, ovvero uno stress considerabile come traumatico.

A nascita avvenuta, l'allattamento tra madre e neonato/a di gruppo sanguigno diverso potrebbe presentare un problema. Infatti, se la madre è A oppure B oppure AB il suo latte potrebbe avere tracce di tale antigene (A oppure B) non presente nel sangue del neonato, perché di gruppo sanguigno diverso, e disturbarlo. Il problema dell'allattamento invece non si presenta, anche in caso di gruppo sanguigno diverso tra madre e neonato, se la madre è di gruppo sanguigno 0 e quindi non ha nel suo latte alcun antigene. Il problema non si presenta neanche per madre A oppure B con prole AB, essendo tale antigene presente anche nella prole.

Sicuramente molto positivo per il neonato/a, sia da un punto di vista nutrizionale sia per ottimizzare il rapporto con la propria madre, è l'allattamento al seno quando la madre sia del medesimo gruppo sanguigno del figlio/a o sia di gruppo sanguigno 0. In caso di madre A e figlio/a 0 oppure B, di madre B e figlio/a 0 oppure A e di madre AB e figlio/a A oppure B, sarebbe opportuno valutare, da un punto di vista medico e nutrizionale, se l'allattamento al seno della madre non presenti problema per il neonato/a. Si può avanzare l'ipotesi che, in questi casi, potrebbe essere meglio astenersi dall'allattamento al seno della madre e sostituirlo con un allattamento al seno di donna del medesimo gruppo sanguigno del neonato/a, oppure di gruppo sanguigno 0, che non presenta antigene, o con allattamento artificiale. Forse si migliorerebbe anche il rapporto tra figlio/a e madre ed è probabile che si ridurrebbe il rischio di anoressia adolescenziale femminile.

UN CONTATTO DIFFICILE

La difficoltà di contatto tra madre e prole di gruppo sanguigno diverso può implicare problemi durante la gestazione e problemi nutrizionali durante l'allattamento, come già detto. Questa situazione, se non ben gestita, può essere causa di trauma che genera una maggior difficoltà nella relazione reciproca e nella fiducia tra la prole e la madre. Dal concepimento a tutto il periodo dell'infanzia questa situazione di difficoltà tra madre e prole di gruppo sanguigno diverso presenterebbe la stessa gravità tanto per la prole di sesso maschile che per quella di sesso femminile.

La situazione cambierebbe totalmente a sfavore del sesso femminile con l'adolescenza, ovvero quando la giovane, uscendo dall'infanzia, dovrebbe cominciare a fiorire nel farsi donna. Infatti, la difficoltà relazionale e di difficile fiducia reciproca tra figlia e madre assume un'importanza particolare nel passaggio dall'infanzia all'adolescenza, proprio nel momento in cui per la giovane è maggiore il bisogno di identificazione col femminile della madre che lei invece percepisce come diversa.

Il dato statistico secondo il quale è rara l'anoressia adolescenziale nel sesso maschile rispetto al sesso femminile, trova spiegazione da quanto detto. Infatti i figli maschi, con gruppo sanguigno diverso da quello della madre, ma uguale a quello del padre, non presenterebbero la medesima situazione, quindi il medesimo rischio rispetto alle figlie femmine di pari condizioni, perché per lo sviluppo sessuale nel passaggio dall'infanzia all'età adulta i loro processi di identificazione e similitudine riguardano l'aspetto maschile e non quello femminile. In altre parole i maschi non hanno bisogno di un processo di identificazione e similitudine con l'aspetto femminile della madre, connesso con l'aspetto nutrice.

IL GRUPPO SANGUIGNO DELLA MADRE
E QUELLO DELLA FIGLIA

Madre e figlia possono essere dello stesso gruppo

sanguigno, oppure di gruppo sanguigno diverso.

In caso di gruppo sanguigno diverso, si possono aprire tre possibilità:

1) il gruppo sanguigno della figlia è diverso da quello della madre e identico a quello del padre:

- figlia A oppure B, con madre 0 (e padre A oppure B)
- figlia B con madre A (e padre B)
- figlia A con madre B (e padre A)
- figlia 0 con madre A oppure B (e padre 0)

2) il gruppo sanguigno della figlia è diverso da quello della madre ed è diverso anche da quello del padre:

- figlia 0 con madre A oppure B e padre che può essere indifferentemente di gruppo sanguigno A oppure B.

Ciò è dovuto al fatto che sulla superficie del globulo rosso del sangue, come già detto, vi sono due siti che possono essere occupati dall'antigene A oppure dall'antigene B, oppure presentarsi senza antigene, ovvero 0, così si spiega come un individuo possa essere di gruppo sanguigno 0, A, B, AB. Di questi due siti presenti sul globulo rosso uno solo viene trasmesso dalla madre ai figli e uno solo dal padre ai figli. Si può quindi dare il caso in cui ambedue i genitori presentano globuli rossi in cui solo uno dei due siti sia A oppure B e l'altro sito sia 0 e si possa così generare una figlia in cui ambedue i siti siano privi di antigene, quindi 0.

3) il gruppo sanguigno della figlia contiene il gruppo sanguigno della madre, A oppure B, più il gruppo sanguigno del padre, B oppure A:

- figlia AB con madre A oppure B (e padre AB, ovvero del medesimo gruppo sanguigno della figlia)
- figlia AB con madre A oppure B (e padre B

oppure A, ovvero la figlia raccoglie in sé i gruppi sanguigni dei genitori).

La figlia AB però non ha una vera e propria differenza di gruppo sanguigno rispetto alla propria madre, di gruppo A oppure B, perché ne ha pur tuttavia ereditato il gruppo sanguigno (A oppure B) aggiungendo ad esso quanto ereditato dal padre (B oppure A oppure AB).

Nella mia esperienza ho incontrato giovani anoressiche di gruppo sanguigno diverso da quello della madre, ma non mi è capitato di incontrare giovani anoressiche di gruppo sanguigno AB. Ho presente il caso di una giovane di gruppo sanguigno AB, la cui madre è A e il padre AB, che non ha mai presentato alcun disturbo alimentare. L'ipotetica assenza di anoressia in figlie con gruppo sanguigno AB, come nel caso da me citato, si potrebbe spiegare col fatto che non si tratterebbe di una differenza di gruppo sanguigno tra figlia e madre, perché in realtà il gruppo sanguigno della madre è presente nella figlia con l'aggiunta di quanto ereditato dal padre. E' anche vero che il gruppo sanguigno AB è piuttosto raro e questo fatto potrebbe aver determinato la non presenza di una giovane anoressica con tale gruppo sanguigno nei casi da me analizzati.

In sintesi, le difficoltà tra figlia e madre, possibile prima chiave per lo scatenamento dell'anoressia, si avrebbero quando l'una sia di gruppo sanguigno A e l'altra B o viceversa, oppure quando una delle due sia di gruppo 0 e l'altra A oppure B.

IL PRIMO FATTORE SCATENANTE

La differenza di gruppo sanguigno tra figlia e madre, se non ben gestita, può essere vissuta come un trauma e sarebbe nell'adolescenza la "conditio sine qua non" per lo scatenarsi dell'anoressia se ad essa si sommano determinati aspetti caratteriali ed esistenziali della giovane conseguenti a un altro o più traumi di quel tempo che va dal concepimento alla nascita compresa.

Per la figlia identificarsi con l'essere donna sarebbe più difficoltoso di quanto lo sia normalmente se nell'adolescenza l'unico modello femminile a cui fare riferimento è quello materno con cui non vi è identità di gruppo sanguigno. La differenza biologica data dal gruppo sanguigno può aver causato, durante la gestazione, una situazione considerabile traumatica che, se non debitamente curata, continua a interferire nel rapporto e nella fiducia reciproca.

In passato, quando le famiglie erano composte da grandi nuclei di persone conviventi, era più facile per la giovane trovare l'identificazione col femminile di una persona a lei potenzialmente più simile. Nell'attuale civiltà la famiglia convivente solitamente si riduce a genitori e figli. Qualora la figlia non possa identificarsi col femminile della madre, da lei diversa biologicamente, e il padre sia una presenza paradossalmente assente, o la giovane contatta il femminile di qualche persona esterna alla famiglia, o è esposta a una grossa difficoltà nel passaggio dall'infanzia all'essere donna, con rischio anoressia.

L'incremento dell'anoressia nell'epoca attuale potrebbe essere anche imputabile al restringimento del nucleo della famiglia convivente, caratteristico delle società di modello occidentale contemporaneo.

L'origine del problema tra figlia e madre sarebbe dovuta alla diversità mal gestita del loro gruppo sanguigno, diversità che può essere stata vissuta in modo traumatico durante la gestazione e che può aver causato anche problematiche nutrizionali nell'allattamento. Tale differenza, solo se mal gestita, sarebbe la prima chiave necessaria per aprire la prima serratura della porta, premessa per lo scatenamento dell'anoressia.

La relazione tra figlia e madre può continuare nella vita con una modalità tale da essere continuamente fonte di nuovo trauma. Infatti se si parte dall'ipotesi sostenuta dai D'Adamo che gruppi sanguigni diversi sottendano diete diverse, come stile di vita e nutrizione, la difficoltà relazionale tra figlia e madre di gruppo sanguigno diverso si esaspererebbe se per di più la madre avesse sulla figlia un comportamento invasivo e le imponesse il proprio stile di vita e di nutrizione, ovvero la propria dieta. L'invasività della madre con la propria dieta potrebbe essere percepita dalla giovane non solo come un controllo insopportabile, ma quasi come una sorta di avvelenamento. Ad esempio, una figlia di gruppo sanguigno 0, secondo le teorie dei D'Adamo, sarebbe particolarmente a rischio ai fini nutrizionali se la madre A oppure B cercasse di imporle un'alimentazione vegetariana che sarebbe inadatta al gruppo sanguigno 0. La figlia avrebbe una particolare tendenza ad essere anemica per carenza di ferro. Inoltre la differenza di gruppo sanguigno implicherebbe non solo una differenza dietetica, ma anche caratteriale, che renderebbe ancora più problematico il loro rapporto, soprattutto se la madre dimostrasse un atteggiamento invasivo e di controllo sulla progettualità della vita della giovane, anziché di forte e tacita complicità.

L'ipotesi secondo la quale come concausa dell'anoressia vi sia la diversità mal gestita di gruppo sanguigno tra madre e figlia, spiegherebbe anche come in una medesima famiglia vi possa essere una figlia anoressica e altre no. Le altre figlie non hanno il rischio di anoressia se hanno lo stesso gruppo sanguigno della madre.

A questo riguardo posso presentare il caso di una famiglia in cui il padre è di gruppo sanguigno B e la madre è di gruppo A e hanno tre figli. La figlia primogenita di gruppo sanguigno A come la madre non presenta disturbi alimentari, è sposata e ha due bambini. Il secondo figlio, di cui non conosco il gruppo sanguigno, non presenta disturbi alimentari. L'ultimogenita, trentenne di gruppo sanguigno B come il padre, ha tendenza anoressica ed è attualmente senza ciclo mestruale, non è sposata e non ha figli.

I D'Adamo e la dieta dei gruppi sanguigni

L'idea che i gruppi sanguigni potessero sottendere nutrizioni e stili di vita diversi, ovvero diete diverse, si deve allo studioso statunitense James D'Adamo. Egli fin dal 1957 si interessò di nutrizione in un centro termale e aveva l'abitudine di annotare per ogni paziente il gruppo sanguigno 0, A, B, AB. Col tempo si accorse che l'alimentazione ottimale non sarebbe stata la medesima per i vari gruppi sanguigni e che vi sarebbero state sostanziali analogie tra gli appartenenti al medesimo gruppo sanguigno. Si accorse ad esempio che era necessaria una maggior presenza di carne rossa nella nutrizione del gruppo sanguigno 0, soprattutto per il sesso femminile in età feconda, per evitare le carenze di ferro. Il gruppo sanguigno A sarebbe stato più affine a una nutrizione con una prevalenza di proteine di origine vegetale, in particolare quelle della soia, rispetto a quelle della carne e sarebbe stato scarsamente compatibile con un'alimentazione con latte vaccino e derivati. Il gruppo sanguigno B si sarebbe avvantaggiato da una dieta ricca di latte e derivati, mentre avrebbe dovuto evitare in particolare il carciofo e il pollo. Il suo lavoro fu pubblicato nel 1980 in un libro dal titolo "One man's food".

Suo figlio Peter D'Adamo continuò questi studi e con l'avvento dell'informatica poté avere statistiche che gli permisero di formulare "La dieta secondo i gruppi sanguigni". Per l'acquisizione costante di nuovi dati, le statistiche sono soggette a evoluzione nel tempo. Anche per i farmaci l'acquisizione di nuovi dati con il tempo può portare a constatarne effetti collaterali che prima non si erano visti. Se riconosciamo una dignità scientifica agli studi condotti su base statistica, essa spetterebbe anche agli studi di Peter D'Adamo visto il considerevole numero di persone cui fanno riferimento.

L'alimentazione e il modo di vivere presenterebbero delle specificità proprie per ogni gruppo sanguigno 0, A, B, AB e in qualche modo sarebbero la memoria delle differenze fra i vari gruppi sanguigni fin dalle origini.

D'Adamo identifica il gruppo sanguigno 0, presente fin dalla comparsa dell'uomo sulla terra, con il cacciatore e il raccoglitore di vegetali di crescita spontanea. Tali progenitori dovevano presentare non solo una nutrizione ma anche uno stile di vita con comportamenti e attitudini idonei, ad esempio l'impulsività immediata necessaria nella caccia.

Il gruppo sanguigno A, comparso in epoca relativamente recente e diffusosi tra 25mila e 15mila anni fa, sarebbe contraddistinto dall'essere agricoltore con un'alimentazione e uno stile di vita consequenziale. La sua caratteristica sarebbe una forte razionalità e una scarsa impulsività, utili in una società agricola dai molti legami sociali molto più ampia di una società di cacciatori.

Il gruppo sanguigno B, comparso ancora successivamente e diffusosi tra 15mila e 10mila anni fa, sarebbe contraddistinto da uomini dediti alla pastorizia, con relativa alimentazione ricca di latte e derivati, e una attitudine introspettiva, in quanto abituati a rimanere per lunghi periodi in solitudine soli con se stessi a guardia degli animali al pascolo.

Il gruppo AB è figlio di un A e di un B e potrebbe esistere da quando coesistono A e B. Estremamente raro nei tempi remoti, comincia a essere presente nei ritrovamenti di epoca relativamente recente, dopo il IX secolo d.C.. Questo fa supporre che il modo di vivere dell'A rispetto a quello del B fosse talmente diverso da non potersi incontrare sessualmente pur coesistendo sulla Terra. Nel gruppo sanguigno AB vi sarebbe la coesistenza di un A con un B sia a livello nutrizionale, ove secondo le situazioni seguirebbe le indicazioni o le controindicazioni di ognuno dei due gruppi, sia a livello emotivo e comportamentale, perché abbinerebbe la razionalità dell'A all'introspezione del B.

La necessità di una differenziazione dietetica, ovvero nutrizionale e di stile di vita, tra i vari gruppi sanguigni

0, A, B sarebbe sopravvissuta, secondo Peter D'Adamo, non solo alle mescolanze di popoli avvenute nell'arco dei millenni, ma anche alle enormi modificazioni alimentari avvenute in tutto il mondo, soprattutto in epoca relativamente recente. Il gruppo sanguigno sottenderebbe una differenziazione biologica che sarebbe meglio da un punto di vista dietetico rispettare anche oggi. Se una differenza di modo di vivere e di nutrirsi può forse apparire strana, si tenga presente che le differenze tra gruppi sanguigni sono tali che, una trasfusione di sangue sbagliato può causare la morte e questa è una differenziazione all'interno della specie umana di non poco conto.

Infatti, come già detto, se si trasfonde sangue 0 in una persona di gruppo 0, oppure A, oppure B, oppure AB non si ha alcuna reazione negativa perché il gruppo 0 non presenta antigeni ed è quindi donatore universale. Invece se si trasfonde sangue di gruppo sanguigno A in una persona 0 oppure B, o sangue B in una persona 0 oppure A, o sangue AB in una persona 0 oppure A oppure B si ha da parte dell'organismo della persona ricevente una risposta di anticorpi contro i globuli rossi del sangue trasfuso tale da causarne la "lisi", ovvero la distruzione della membrana cellulare del globulo rosso trasfuso ad opera degli anticorpi della persona che riceve il sangue. Bisogna inoltre sottolineare che la produzione di anticorpi contro un determinato antigene (sostanza che viene riconosciuta come non propria dall'organismo ricevente) avviene solo dopo un periodo di latenza di circa 21 giorni dal primo contatto con l'antigene in questione. I vaccini infatti stimolano la produzione di anticorpi specifici e, di conseguenza, sono efficaci non immediatamente, ma solo dopo questo periodo di latenza. E' anche risaputo che si è immunizzati contro un determinato virus o batterio, ovvero si ha la produzione di anticorpi specifici, solo se si è contratta la malattia o fatto il vaccino contro quella malattia, perché così il corpo ha conosciuto l'antigene.

La domanda che sorge è: come è possibile produrre anticorpi contro un gruppo sanguigno nel caso di trasfusione sbagliata se questa avviene per la prima volta? Infatti non si può essere immunizzati contro un antigene se non lo si è conosciuto prima. Le ipotesi sono due: o questa è "l'eccezione che conferma la regola" come dice il proverbio, o c'è stato un contatto in altro modo, che non sia una trasfusione, con l'antigene che caratterizza il gruppo sanguigno A e con quello che caratterizza il gruppo sanguigno B.

D'Adamo, per spiegare la produzione di anticorpi contro un gruppo sanguigno di cui non si è mai subita trasfusione precedentemente, cita il dottor S. Breanndan Moore, un ematologo della Mayo Clinic di Rochester, Minnesota, U.S.A., secondo il quale l'antigene del gruppo sanguigno A (N-acetil-d-galattosamina) e quello del B (d-galattosio) sono relativamente facili da simulare in natura essendo fondamentalmente zuccheri. Gli alimenti, in particolare quelli vegetali, contengono gli zuccheri più diversi e quindi, secondo questa teoria, è molto facile incontrare con l'alimentazione sostanze simili o identiche all'antigene dei gruppi sanguigni A e B. Attraverso l'alimentazione quindi il corpo verrebbe in contatto con l'antigene del gruppo sanguigno A e con l'antigene del gruppo sanguigno B, che determinerebbero una produzione di anticorpi contro gli antigeni non presenti nel proprio gruppo sanguigno. In altre parole chi è di gruppo sanguigno 0 produrrebbe anticorpi contro A e B, chi è A li produrrebbe contro B, chi è B li produrrebbe contro A e chi è AB non produrrebbe anticorpi. La similitudine tra antigeni di gruppi sanguigni e antigeni alimentari potrebbe spiegare la risposta immunitaria ad una trasfusione sanguigna sbagliata, anche se effettuata per la prima volta, perché il corpo conosce già questo antigene attraverso l'alimentazione.

Il corpo sarebbe portato non solo a reagire in caso di trasfusione con i propri anticorpi specifici contro i gruppi sanguigni che presentano un antigene diverso dal proprio, ma anche quando si alimenta avrebbe una reazione contro i cibi che contengono sostanze simili a quell'antigene diverso dal proprio gruppo sanguigno.

Questa similitudine tra antigeni di gruppi sanguigni e antigeni alimentari potrebbe spiegare anche una maggiore affinità o incompatibilità verso determinati alimenti e potrebbe spiegare come alcune allergie alimentari abbiano una diffusione diversa secondo i gruppi sanguigni. Ad esempio, l'allergia al latte vaccino è molto più rara nel gruppo sanguigno B rispetto a quanto sia diffusa nel gruppo 0 oppure nel gruppo A.

Inoltre l'alimentazione dei diversi gruppi sanguigni, secondo Peter D'Adamo, dovrebbe essere differenziata per la possibile presenza di lectine negli alimenti. Attenzione: "lectine" da non confondere con "lecitine". Le lectine sono proteine che si incastrano meccanicamente su una determinata struttura, ad esempio sull'antigene del gruppo sanguigno A oppure quello del gruppo sanguigno B. Qualora vengano ingerite lectine specifiche per il proprio gruppo sanguigno, esse formerebbero dei legami fra cellule diverse che potrebbero provocare problemi digestivi, immunitari e interferire con la produzione di ormoni intestinali. Nel caso delle lectine sarebbe quindi l'alimento che interferisce con l'antigene del gruppo sanguigno della persona.

In conclusione, secondo Peter D'Adamo, ogni gruppo sanguigno avrebbe una sua caratterizzazione come stile di vita e come nutrizione, ovvero come dieta. Secondo la mia teoria ciò sarebbe particolarmente importante da rispettare nel caso di diverso gruppo sanguigno tra madre e figlia.

Alla dieta come stile di vita e nutrizione per i diversi gruppi sanguigni è dedicato il capitolo "Le diverse caratteristiche dietetiche di ogni gruppo sanguigno" (Appendice).

Prospettive e strategie convergenti

Risolvere il problema dell'anoressia è oggi motivo di studio di molti ricercatori e molte sono le vie che vengono seguite per raggiungere lo scopo.

La domanda che viene da porsi è se approcci diversi, presentati da vari studiosi, considerino l'anoressia in modo radicalmente diverso tra loro, o se siano solo modi diversi di fotografare la stessa montagna da punti prospettici differenti, anche se tutti tesi a raggiungere la stessa vetta. Ciò spiegherebbe come approcci diversi possano arrivare alla soluzione dell'anoressia, per vie diverse.

Un giorno a Siviglia, agli inizi dell'anno 2000, mi capitò di vedere una costellazione famigliare condotta da Bert Hellinger in cui la cliente era una ragazza anoressica. Hellinger fece una rappresentazione del sistema famigliare con persone prese tra il pubblico come rappresentanti della madre, del padre, della figlia e li fece disporre sulla scena dalla ragazza. Risultò una madre preoccupata che guardava la figlia e la figlia che guardava da dietro il padre, il quale guardava fuori campo e sembrava volesse uscire dal sistema, ovvero morire. Di solito in questi lavori su una giovane anoressica si ha una madre protesa sulla figlia, un padre assente nel sistema famigliare e che sembra volersene andare, una figlia che per trattenerlo lo segue nella morte o vorrebbe morire al posto suo. Bert Hellinger porta la ragazza a riconoscere le cose per quello che sono e poi interviene spostando i personaggi in modo più idoneo al benessere di ogni singolo membro e dell'intero sistema famigliare. Insomma il lavoro si concluse con la figlia sulle ginocchia di papà e imboccata da papà e con la madre finalmente rilassata, non più preoccupata di dover far da nutrice alla figlia.

Estremamente incuriosito, durante una pausa, mi avvicinai a Bert Hellinger e gli chiesi se conoscesse la dieta secondo i gruppi sanguigni. Infatti far nutrire la figlia da papà, che la tiene sulle ginocchia, mi dava l'idea che la figlia fosse non solo nutrita secondo il gruppo sanguigno del padre e non più secondo quello della madre, ma che potesse in qualche modo confrontarsi e avere come punto di riferimento lo stile di vita del padre e non più solo quello della madre. Hellinger mi rispose di non sapere nulla della dieta secondo i gruppi sanguigni, ma che la sua esperienza l'aveva portato a condurre il lavoro in quel modo.

Quanto fatto da Bert Hellinger, portando la figlia sulle ginocchia di papà e facendola imboccare da lui, rendeva il padre più presente, dotato di una capacità decisionale su cosa dar da mangiare alla figlia, scegliendo probabilmente cibi secondo il proprio gruppo sanguigno e non secondo quello della moglie. Un padre che si impegna a nutrire la famiglia provvedendo al cibo e non portando solo a casa i soldi, è un padre molto presente anche col proprio stile di vita, i propri gusti e il proprio modo di nutrirsi, non sicuramente un padre che guarda fuori dal sistema famigliare con voglia di andarsene. Un padre presente tra i fornelli che fa la spesa e decide cosa mangiare, tranquillizza la madre che non si sente più così preoccupata di dare da mangiare alla figlia, preoccupazione che si esprimeva anche nell'iniziale presenza così invadente verso la figlia.

Naturalmente cominciai ad arrovellarmi e feci anche l'ipotesi secondo la quale il processo di identificazione e similitudine del femminile non riesca ad avvenire tra una figlia e una madre di gruppo sanguigno diverso, perché diverse come stile di vita e come nutrizione. La figlia, in questo caso, necessiterebbe di processi di identificazione e di similitudine con la parte femminile, per dirla secondo gli antichi cinesi yin, di qualche altra persona a lei più simile.

Nell'attuale civiltà in cui la famiglia convivente è limitata ai soli genitori e figli, la possibilità per la giovane è di contattare il femminile di qualche persona disponibile esterna alla famiglia, o quello del proprio padre.

Tutti gli esseri, sia femmine che maschi, sia yin che yang, hanno in sé anche l'altra parte, il maschio ha anche la parte femminile e la femmina ha anche la parte maschile: la parte yin, femminile, potremmo anche identificarla con l'aspetto nutrice, la parte yang, maschile, con quella che procaccia i soldi per far vivere la famiglia.

Un padre può avere una presenza fugace in famiglia pur avendo una presenza maschile, yang, forte fuori dalla famiglia, ad esempio guadagnare un sacco di soldi. La madre in questo caso tende più facilmente a manifestare con la figlia atteggiamenti yang, maschili, attraverso un comportamento interventista e volitivo, anche dovuto a una presenza assente del proprio marito nel sistema famigliare. Per la figlia non è possibile contattare né la parte femminile, yin, del padre né quella della madre. Inoltre per la figlia è difficile avere processi di identificazione e similitudine con la femminilità della madre da lei diversa anche biologicamente, in quanto di gruppo sanguigno diverso.

La giovane anziché fiorire nella femminilità tende a tornare a uno stato fisico prepuberale perdendo quelle che sono le caratteristiche dell'essere donna: il ciclo mestruale, il seno e una certa disposizione del grasso corporeo. Riportare il padre ad essere presente, nutrendo la figlia, è permettere alla giovane di contattare il femminile del padre e da esso nutrirsi.

Secondo l'antica medicina cinese agire sull'alimentazione è un livello di intervento già elevato, immediatamente precedente e in qualche modo preparatorio a quello che è il livello massimo chiamato "apertura della coscienza". Prova ne sarebbe che gli ordini monastici di tutte le religioni, il cui obiettivo è quello di lavorare sulla coscienza individuale, hanno sempre avuto regole nutrizionali.

E' ipotizzabile che agire sulla nutrizione, in questo caso, possa avere un aspetto psicoterapeutico. Infatti portare la figlia a nutrirsi come il padre, ridà valore a quest'ultimo e permette alla figlia di avvicinarsi a lui e di dargli una posizione d'importanza pari a quella della propria madre.

Operare sulla nutrizione e con essa dare il posto che compete al padre nella famiglia, o lavorare come fa Bert Hellinger, possono essere visti come vie convergenti che portano allo stesso risultato. Come nell'alpinismo la stessa vetta, lo stesso obiettivo, è raggiungibile attraverso vie diverse, ma in qualche modo convergenti.

Una convergenza con quanto detto, relativamente all'intervento sull'anoressia, è ipotizzabile anche nella Terapia Breve Strategica di cui il prof. Giorgio Nardone è caposcuola in Italia. Il terapista cerca, innanzi tutto, la complicità della famiglia riconoscendo ciò che la famiglia ha fatto nel tentativo di risolvere il problema della giovane anoressica. Il comportamento della madre, tutta protesa verso la figlia e preoccupata di darle da mangiare, viene comunque valorizzato come atto d'amore. Una volta ottenuta la complicità del nucleo famigliare, viene proposta alla famiglia la "congiura del silenzio" riguardo alla nutrizione della giovane anoressica, perché sovente più si parla e si dà importanza a un problema e più lo si incrementa facendolo diventare enorme e insormontabile. La tentata soluzione del problema che la famiglia metteva in atto, ovvero preoccuparsi che la giovane mangiasse, aveva avuto come risultato di aumentare il problema. Il compito assegnato a tutta la famiglia è di non interessarsi più se la giovane anoressica mangi o non mangi. Alla madre, proprio per l'amore che tanto l'ha portata a fare preoccupandosi della nutrizione della giovane, viene proposta ora la "congiura del silenzio" a un punto tale da non preparare più il posto a tavola per la figlia. Raggiunta la "congiura del silenzio" da parte della famiglia, il terapista sposta il centro focale sulla figlia con cui è necessario creare un rapporto di fiducia. Inizia così, da parte del terapista, un sottile gioco di valorizzazione della femminilità della giovane, dandole anche come compito, tutte le sere a casa nell'ambiente ovattato e protettivo della sua camera da letto, di osservarsi nuda allo specchio e di dare una valutazione a ogni parte del proprio corpo e anche di massaggiarsi con creme profumate. Le viene inoltre proposto di scrivere tutte le sere, appoggiata sul proprio guanciale, una lettera al terapista che può poi portargli nella seduta successiva. Il terapista nutre il femminile della giovane e dà a questo femminile una via su cui espandersi. Non si tratta di una seduzione maschile su una giovane donna, tanto è vero che la terapia funziona indipendentemente dal sesso del terapista, ma è, mi verrebbe da dire, una complicità al femminile: la complicità del femminile del terapista col femminile della giovane. L'obiettivo è cambiare il sistema percettivo-reattivo della giovane donna portandola a percepirsi come bella donna e a reagire di conseguenza. Come si può vedere anche nell'intervento con la Terapia Breve Strategica, per risolvere l'anoressia il terapista nutre un femminile che fino a quel momento non era stato possibile nutrire in famiglia.

Per quanto riguarda la psichiatria, in passato nel rapporto tra madre e figlia anoressica si tendeva solitamente a colpevolizzare la conflittualità. In epoca recente invece è emersa la tendenza a considerare questa conflittualità come un fattore di presenza reciproca tra madre e figlia pur sempre preferibile al nulla e il centro focale viene spostato sull'immagine del padre che, nella famiglia dell'anoressica, sarebbe, potremmo dire, inconsistente. L'immagine inconsistente del padre in famiglia potrebbe essere considerato un co-fattore per l'anoressia della figlia, non il solo fattore determinante. Infatti, non tutti i padri la cui immagine in famiglia è inconsistente generano figlie anoressiche, altrimenti le anoressiche sarebbero molto più numerose. Prova ne è che nella stessa famiglia vi possono essere più figlie, fra le quali una sola tende all'anoressia, pur avendo lo stesso padre.

Una differenza da gestire

Secondo la mia esperienza le figlie con lo stesso gruppo sanguigno della madre non sarebbero a rischio di anoressia, qualunque sia l'immagine del padre, presente o inconsistente. Invece una figlia di gruppo sanguigno diverso dalla madre ma uguale a quello del padre, la cui immagine sia inconsistente, sarebbe a rischio anoressia. La medesima con padre presente, a maggior ragione se presente anche in cucina, non sarebbe a rischio anoressia.

Questo legame tra figlia e padre del medesimo gruppo sanguigno può essere visto positivamente come il segnale di una memoria ancora attiva di quella che è stata la nicchia ecologica e la dieta, intesa come gusti, modo di vivere e di nutrirsi, da cui entrambi provengono. Da questo punto di vista la ragazza che soffre di anoressia è una persona che con dignità cercherebbe di ritornare alla DNE®, Dieta della Nicchia Ecologica, delle sue origini, quella del suo gruppo sanguigno. La ragazza anoressica non sarebbe una persona semplicemente reattiva, oppositiva verso la madre e disamorata della vita, ma sarebbe alla ricerca di un femminile che la nutra secondo il suo gruppo sanguigno, non solo in senso strettamente alimentare ma anche come gusti e stile di vita, e che in questo caso potrebbe essere il femminile del padre. Per lei contattare il femminile del padre è un po' come tornare a casa, all'interno della sua DNE.

Si tratta di nutrire, sia in senso metaforico che reale, il femminile della giovane, in modo per lei consono, nel fragile passaggio dall'infanzia all'essere donna. Nutrire il femminile della figlia dal femminile della madre può essere difficile in caso di diversità di gruppo sanguigno tra le due, soprattutto se la madre tende ad avere un atteggiamento invasivo verso la figlia con i propri gusti, con il proprio stile di vita e con la propria nutrizione, ovvero con la propria dieta. Il femminile della figlia può nutrirsi in questo caso dal femminile del padre, se di stesso gruppo sanguigno della figlia e se disposto ad una presenza attiva verso di lei. Qualora il padre non sia materialmente presente, o sia una presenza "assente", o non sia dello stesso gruppo sanguigno della figlia (infatti genitori A oppure B possono a volte generare una figlia 0) il femminile della figlia può nutrirsi dal femminile di qualche altra persona, terapista compreso, al di fuori della cerchia genitoriale.

Per riassumere: la condizione per poter nutrire, sia in senso metaforico che reale, il femminile della figlia da un femminile diverso da quello della madre è che non vi siano giochi di potere tra madre e figlia e, qualora vi siano, vengano a cessare. Può essere un gioco di potere della madre essere unica depositaria della gestione della casa e della cucina, come se tenesse in mano il mestolo come scettro di potere sui familiari. Tale gioco di potere va interrotto. A parer mio, può essere letta in tal senso "la congiura del silenzio" proposta nella Terapia Breve Strategica che coinvolge madre e familiari nel non parlare più di cibo e di mangiare e che ordina alla madre di non preparare il posto a tavola per la figlia, la quale se vuole mangia, se non vuole non mangia, aprendosi da sola il frigorifero, scegliendo e preparando ciò che vuole.

Accettare le diversità di gusti, di stile di vita e di nutrizione della figlia rispetto alla propria madre di gruppo sanguigno diverso permette alla figlia di crescere e diventare donna, permette alla vita di fluire. Nella vita che fluisce si possono integrare e superare anche le eventuali difficoltà che vi siano state nella gestazione tra madre e figlia di gruppo sanguigno diverso. Tali difficoltà possono diventare delle prove d'amore: nonostante le difficoltà, madre e figlia ce l'hanno fatta in nome dell'amore. Continuare a ribadire le differenze in un gioco di potere tra madre e figlia trasforma le iniziali difficoltà, avutesi nella gestazione a causa dei gruppi sanguigni diversi, in un trauma che continua a condizionare.

Amore di madre

E' l'amore di madre su cui far leva per uscire dai giochi di potere ed arrivare al rispetto delle reciproche differenze tra madre e figlia. L'amore di madre può essere tale da arrivare all'abnegazione del proprio potere, e forse anche del proprio ruolo, in funzione dell'amore verso la creatura cui ha dato la vita.

A riguardo di tale abnegazione, in funzione della vita e dell'amore, è sempre stato portato ad esempio il seguente brano della Bibbia (RE, 3 "Il giudizio di Salomone" – da "La Bibbia" Edizioni Paoline, Roma 1983):

"Si presentarono al re due prostitute, ch'erano venute da lui. Una delle donne disse: «Di grazia, signor mio, questa donna ed io abitavamo nella stessa casa. Qui io partorii accanto a lei. Tre giorni dopo di me ecco che anche questa donna partorì. Noi due stavamo insieme né c'era alcun estraneo nella casa all'infuori di noi due. Or il figlio di questa donna morì di notte, perché lei gli si era coricata sopra. Essa allora si alzò nel cuore della notte, levò mio figlio dal mio fianco, mentre la tua schiava dormiva, se lo pose in seno e il suo figlio morto lo collocò sul mio seno. Io mi alzai al mattino per allattare il mio bambino ma lo trovai morto! Però lo osservai bene e mi accorsi che non era il figlio che avevo partorito». Ma l'altra donna replicò: «Non è vero; mio figlio è quello vivo e il tuo è quello morto!». Ma quella insisteva: «Non è vero; tuo figlio è quello morto e il mio è quello vivo!». Così litigavano innanzi al re. Allora il re disse: «L'una afferma: "E' mio figlio quello vivo; invece il tuo è quello morto"; e l'altra: "Non è vero: tuo figlio è quello morto e il mio è quello vivo"». Il re perciò ordinò: «Portatemi una spada!». Portata che fu la spada innanzi al re, questi soggiunse: «Dividete il figlio vivo in due e datene metà all'una e metà all'altra». Ma la donna il cui bambino era ancora vivo, mossa da profonda compassione per suo figlio, disse al re: «Di grazia, mio signore, date a lei il bimbo vivo, ma non uccidetelo!». L'altra invece diceva: «Non sarà né mio

né tuo, dividete!». Allora il re prese la parola e sentenziò: «Quella che disse: "Date a costei il bambino vivo ma non l'uccidete", questa è sua madre!». Tutto Israele conobbe il giudizio emesso dal re e nutrì un profondo rispetto nei suoi riguardi perché vide che c'era in lui una sapienza divina per dettare giustizia".

La differenza come ricchezza

La presenza all'interno della stessa famiglia di gruppi sanguigni diversi può essere fonte di problemi e di conflitto oppure, se ben gestita, può essere fonte di ricchezza. Rispettare le differenze è elemento fondamentale per trasformarle in ricchezza. Se figlia e madre appartengono a gruppi sanguigni diversi, questa diversità sottenderebbe una differenza di gusti, di stile di vita e di nutrizione che potrebbero essere fonte di ricchezza esistenziale ed emozionale per ogni singolo individuo della famiglia.

Una differenza tra madre e figlia può essere una ricchezza a condizione che vi sia un rispetto reciproco di tale differenza. Tale condizione non vi può essere in un rapporto fusionale in cui, per dirla con parole comprensibili anche da un bambino, si vorrebbe essere "pappa e ciccia". Uscire da un rapporto fusionale tra madre e figlia è ciò che permette di cogliere le differenze e di lasciarle fiorire e realizzarle in un rispetto reciproco, senza giudizio e senza contrapposizione.

Per facilitare l'uscita da un rapporto fusionale, in cui non è possibile da parte delle persone in questione rispettare le reciproche differenze, un mio amico terapista proponeva alla madre e anche alla figlia di ripetere, fino a farla diventare un pensiero sempre presente, la seguente frase "Io sono io e tu sei tu". Questo ribadisce, nel rispetto reciproco, la differenza tra due persone e permette ad ognuna delle due di identificarsi in ciò che sente di essere, lasciandosi crescere senza bisogno di contrapporsi l'una all'altra attraverso il giudizio che di solito sfocia in giochi di potere.

Riguardo al giudizio mi viene in mente il caso di una madre, di gruppo sanguigno A, con figlia già adulta, di gruppo sanguigno B che al momento risultava vistosamente sottopeso e amenorroica, anche se a suo giudizio non era "assolutamente anoressica". La figlia aveva sempre avuto come hobby lunghi viaggi di ogni genere, anche trekking. La madre presentava gli avventurosi viaggi della figlia come se fossero esperienze bizzarre. Tanto bizzarre in effetti non erano, perché il padre, di gruppo sanguigno B come la figlia, in realtà era sempre stato un grande viaggiatore.

Se la madre rispetta il desiderio di fondo della figlia, in questo caso quello di viaggiare, permette alla figlia di realizzarlo senza esagerare. Una madre che, usando controllo e giudizio, non solo non comprende il desiderio della figlia ma lo osteggia, aumenta la voglia di contrapposizione da parte della figlia contro la madre nel tentativo della giovane di dimostrare la propria identità. Questa contrapposizione porta solitamente la figlia ad andare al di là dei propri limiti, ad esempio in questo caso, con trekking troppo faticosi e impegnativi.

Ma non basta

Se una differenza ben gestita tra madre e figlia di gruppi sanguigni diversi può essere fonte di ricchezza, una differenza mal gestita è sicuramente fonte di trauma.

Il comportamento giudicante e invasivo della madre, di gruppo sanguigno diverso, nei confronti della dieta della figlia, ovvero nei confronti dei gusti, dello stile di vita e della nutrizione, è di per sé fonte di trauma per la figlia. Questo può far risuonare un altro trauma che è concausa e chiave necessaria per lo scatenamento dell'anoressia: un trauma avvenuto in quel periodo che va dal concepimento alla nascita. Questo trauma è la causa della tipologia di carattere denominata "contatto-esistenza".

La presenza simultaneamente attiva dei due traumi (differenza di gruppo sanguigno mal gestita madre/figlia e trauma avvenuto tra concepimento e nascita) è necessaria per lo scatenamento dell'anoressia. Uno solo di questi traumi non basta.

Avevamo fatto l'esempio della porta con più chiavi dietro cui è chiusa l'anoressia: una sola chiave non basta per aprire la porta, sono necessarie ambedue. Questo spiega come solo in alcuni casi la differenza mal gestita di gruppo sanguigno madre/figlia sfoci nell'anoressia: solo in quei casi in cui vi sia la concomitante presenza di un trauma attivo, ovvero non curato, relativo a quel periodo che va dal concepimento alla nascita. D'altro lato questo spiega come solo in alcuni casi la tipologia di carattere conseguente a un trauma relativo al periodo che va dal concepimento alla nascita, pur comparendo in tutta la sua magnitudo, possa sfociare nell'anoressia:

solo in quei casi in cui vi sia una differenza mal gestita di gruppo sanguigno madre/figlia. Tornando all'esempio della porta, è necessario usare anche l'altra chiave per aprire la porta, ovvero per scatenare l'anoressia.

IL SECONDO FATTORE SCATENANTE, UN TRAUMA TRA CONCEPIMENTO E NASCITA

Perché l'anoressia si scateni, come detto, è necessaria la presenza di più cause.

Una causa, come abbiamo detto nell'esempio una "chiave", è la differenza di gruppo sanguigno tra madre e figlia che, se mal gestita, è fonte di trauma.

L'altra causa, cioè la seconda chiave necessaria per aprire la seconda serratura perché l'anoressia adolescenziale femminile si scateni, è la compresenza di una determinata tipologia di carattere della giovane che deve manifestarsi al massimo della sua "magnitudo".

Ogni tipologia di carattere emerge in tutta la sua magnitudo nelle situazioni che riecheggiano in qualche modo l'evento che era stato vissuto in modo traumatico e che aveva portato alla formazione di quella specifica tipologia di carattere, mentre in condizioni di particolare serenità i vari aspetti del carattere possono apparire non così rilevanti. La tipologia di carattere implica una determinata percezione della realtà e, di conseguenza, condiziona diverse reazioni nei riguardi del mondo esterno, degli eventi e del rapporto con il cibo.

Rendere meno vincolante la tipologia di carattere implicata nell'anoressia adolescenziale femminile vuol dire avere una chiave terapeutica per l'anoressia, facendo sì che essa non si scateni se ancora latente, o si risolva se già presente.

Come concausa dell'anoressia adolescenziale femminile vi sarebbe la presenza, potremmo dire scatenata, della tipologia di carattere conseguente a traumi avvenuti durante la vita intrauterina, alla nascita o in momenti immediatamente successivi. Questa tipologia di carattere va particolarmente in risonanza nell'adolescenza che in qualche modo, analogamente alla nascita, è cambiare di stato, questa volta diventando adulto. Tale risonanza può ripetersi nella vita in momenti di particolare fragilità caratterizzati da un cambiamento di stato, ad esempio nel non essere più figlio per la morte del genitore.

I traumi di cui si può essere vittima tra concepimento e nascita possono essere i più svariati: un trauma della madre (ad es. violenza sessuale, incidente stradale, lutto, ecc.), un ambiente uterino non idoneo al feto (ad es. per malattia della madre, distacco di placenta, rischio di aborto, ecc.), un parto prematuro e/o difficile (ad es. cordone ombelicale intorno al collo, presentazione podalica, ecc.), o un pericolo di vita immediatamente dopo la nascita (ad es. scarsa igiene, temperatura ambientale non idonea, disidratazione perché la mamma ad esempio non aveva latte e non si era prevista una nutrizione alternativa, ecc.). E' da considerare traumatico anche un contatto non soddisfacente e poco nutriente con la madre durante la gestazione, perché ad esempio la madre non desidera o non ha alcun piacere di essere gravida. Anche solo uno di tutti questi eventi costituisce un trauma del contatto tra figlio/a e madre, del nutrirsi, del radicarsi nell'esistenza, potremmo dire che è un trauma del contatto e dell'esistenza, ovvero dell'esistere. Un feto infatti di fronte a un evento non può né lottare né fuggire, può solo esistere o non più esistere. Un trauma tra concepimento e nascita può mettere a rischio il contatto e, di conseguenza, anche la sensazione dell'esistere in una modalità di annichilimento energetico.

Riassumendo, questa tipologia di carattere, conseguente a un trauma fetale o alla nascita, se all'adolescenza va in particolare risonanza, nel sesso femminile può essere causa dell'anoressia adolescenziale femminile, a condizione però, secondo la mia teoria, che sia abbinata a una differenza mal gestita di gruppo sanguigno tra madre e figlia.

TRAUMA E TIPOLOGIA DI CARATTERE

Il Dr. Lawrence Heller ha fondato a Denver nel 1972 l'Istituto di Gestalt, è esperto del lavoro di bioenergetica di Lowen e della Somatic Experiencing®, ovvero la terapia del trauma di Peter Levine, ed è ideatore del *The NeuroAffective Relational Model*™, NARM.

Il Dr. Lawrence Heller riprende le tipologie caratteriali, già studiate da Lowen nel rapporto con i traumi che le hanno originate, sostituendo però i nomi di tali tipologie di carattere. Queste non prendono più il nome dalla patologia a cui possono dare adito in casi estremi, ma bensì dalla risorsa che è mancata. Questa mancanza è stata la fonte del trauma ed è ciò che bisogna integrare per il benessere della persona. La tipologia di carattere che corrisponde a traumi avvenuti tra il concepimento, la nascita e il periodo immediatamente successivo può essere denominata *contatto-esistenza*.

Il Dr. Lawrence Heller nei suoi più recenti studi, che sono alla base della NARM *The NeuroAffective Relational Model*™, sostituisce all'espressione "tipologia di carattere"___quella di "stile di sopravvivenza", che meglio rende l'idea di come la modalità di sopravvivenza messa in atto in quel momento sia stata la migliore possibile, ma sia diventata nel tempo attuale inadeguata e limitante. Lo stile di sopravvivenza messo a punto a seguito di traumi avvenuti dal concepimento alla nascita si riferisce alla risorsa della "connessione", con la madre nell'utero e al momento della nascita. Per l'importanza a livello terapeutico che costituisce l'approccio NARM, *The NeuroAffective Relational Model™*, del Dr. Heller, vedasi il capitolo "NARM, UN MODELLO INTEGRATO DI TERAPIA DEL TRAUMA".

Questa tipologia di carattere che noi qui chiamiamo *contatto-esistenza* riguarda ambedue i sessi.

Relativamente al sesso femminile la tipologia di carattere *contatto-esistenza*, quando è particolarmente esacerbata, può esplodere nell'adolescenza, momento in cui la giovane per potersi fare donna ha bisogno di processi di identificazione e di confronto con una donna adulta, solitamente la propria madre.

L'identificazione e il confronto diventano per la giovane molto difficili se traumi intrauterini o neonatali hanno già gravemente minato il rapporto tra figlia e madre determinando la tipologia di carattere *contatto-esistenza*. Ne consegue che una terapia del trauma, riducendo poco alla volta la causa che ha generato la tipologia di carattere, la rende meno manifesta e meno pericolosa disinnescandola anche quando essa sia concausa di anoressia.

Le tipologie di carattere presentate da Lowen e successivamente dal Dr. Lawrence Heller rielaborate in rapporto alla risorsa mancata, hanno un loro parallelismo nelle tipologie di carattere secondo il

Seitai, arte giapponese creata da Noguchi. Egli osserva il modo di camminare e dello stare in piedi, ambedue necessitanti di una funzione attiva dei muscoli, e li pone in rapporto con quelle che in termini occidentali potremmo chiamare tipologie di carattere.

Per lo studioso giapponese lo stare eretti sarebbe la risultante del sommarsi armonico di cinque movimenti: un primo movimento in senso verticale dal basso verso l'alto, un secondo movimento in senso postero-anteriore da dietro verso avanti, un terzo movimento in senso laterale ovvero di pendolamento da destra verso sinistra e viceversa, un quarto movimento rotatorio sul bacino, un quinto movimento di contrazione ed espansione del bacino visibile anche dalla posizione dei piedi extraruotati (es.: Charlie Chaplin) o intraruotati (es.: le geishe).

In condizioni ottimali per stare in posizione eretta e per deambulare ci si avvale di questi cinque movimenti, per cui nessuno prevale. Quando la persona si trova ad essere nell'energia di un trauma presente o antico ma fatto riemergere da situazioni del presente, si ha, sia nello stare in piedi che nel camminare, il prevalere o l'assenza di uno di questi cinque movimenti.

Noguchi descrive un primo carattere che è contraddistinto, sia nella posizione eretta che nella deambulazione, da un movimento a spinta dal basso verso l'alto e le cui peculiarità sono da lui presentate in termini simili alla prima tipologia di carattere secondo Lowen che abbiamo denominato *contatto-esistenza*.

Per chiarire cosa intende Noguchi quando parla di questo passo guardate, ad esempio, alla televisione le sfilate di moda. Sovente, quando l'indossatrice avanza verso di voi, si vede nello schermo la sua testa andare su e giù come uno yo-yo.

Tale passo di solito viene chiamato "passo a spinta" e implica un uso dei muscoli del polpaccio per spingere verso l'alto, ragione per cui molto sovente vi è un rapporto di dimensione fra coscia e polpaccio in cui il polpaccio si trova ad essere sovradimensionato rispetto al normale. Credo vi sia già capitato di osservarlo in alcune top-model le quali paiono avere le cosce relativamente magre rispetto ad un polpaccio piuttosto muscoloso.

Per Noguchi questa spinta verso l'alto spingerebbe, per così dire, "la testa tra le nuvole" e, secondo il Dr. Lawrence Heller, la tipologia di carattere *contatto-esistenza* tenderebbe alla dissociazione e alla frammentazione, il che è un po' la stessa cosa espressa con parole diverse.

La tipologia di carattere presentata da Noguchi, che è contraddistinta dal passo a spinta, avrebbe caratteristiche molto simili, in parte sovrapponibili, a quelle della tipologia *contatto-esistenza*, in particolare nel rapporto col cibo e sarebbe implicata nei disturbi alimentari che possono portare all'anoressia. Secondo Noguchi una persona con questa tipologia di carattere in forma molto evidente, quando è tutta presa da pensieri o da azioni molto coinvolgenti, può semplicemente dimenticarsi di pranzare e, quando è particolarmente sotto stress, può astenersi dal mangiare anche per un periodo di tempo indeterminato.

LA TIPOLOGIA DI CARATTERE
CONTATTO-ESISTENZA

La tipologia di carattere *contatto-esistenza* caratterizza persone che hanno subìto un evento traumatico proprio all'inizio della vita: nell'utero o alla nascita o immediatamente dopo. Il trauma subìto è stato tale da mettere in pericolo la sopravvivenza di questo piccolo essere.

Un evento traumatico tale da mettere in pericolo la vita, proprio al suo cominciare, causa un'attivazione molto forte del sistema neurovegetativo vagale. Questo sistema neurovegetativo permette all'organismo di risparmiare energia. Un essere, durante la propria gestazione o alla nascita, l'unica cosa che può fare di fronte a una situazione per lui nociva (es. gestosi, malattia della madre, distacco di placenta, cordone ombelicale intorno al collo, ecc.) è cercare di risparmiare energia nell'attesa che la situazione si risolva. Infatti un feto o un neonato di fronte a una situazione pericolosa non può, per sua natura, né lottare né fuggire, ovvero non può reagire attivando l'altro sistema neurovegetativo, quello simpatico, che è deputato alla lotta e alla fuga; ne consegue che l'unica possibile reazione per il feto o per il neonato è attivare il sistema neurovegetativo vagale. Questa attivazione può essere così forte da autoregolarsi difficilmente da sola senza un intervento terapeutico esterno ben mirato. Riguardo a questo argomento di grande importanza sono i lavori del dott. Leboyer, specialista in ostetricia, che, tra le varie cose, iniziò la pratica del parto dolce, del parto in acqua e del massaggio del neonato alla nascita.

Se questo piccolo essere per sopravvivere ha dovuto

iper-attivare il sistema neurovegetativo vagale e non è stato successivamente aiutato a scaricarlo, il risultato è che questo sistema resta attivato causando dissociazione tra corpo, emozione e mente. E' come se fosse anestetizzato, cosa che è stata in quel momento necessaria per sopportare un così grande dolore.

Se tale tipologia di carattere, o per dirla con le parole del Dr. Heller tale "stile di sopravvivenza", persiste nei tempi successivi, l'anestesia persiste. Ne consegue che queste persone hanno un radicamento precario nell'esistenza con forte spinta alla dissociazione e alla frammentazione. Esse si presentano come se fossero sconnesse da emozioni e realtà, come se non sentissero le proprie emozioni e quelle degli altri, come se tutto fosse frammentato. Quando cercano di parlare delle loro emozioni sovente dicono di non sentire oppure di sentire una sensazione di vuoto, a un punto tale che viene il dubbio che abbiano paura di sentire e che il fatto stesso di sentire costituisca per loro un pericolo.

Le persone che presentano questa tipologia di carattere hanno avuto un trauma così precoce che ha messo a rischio la loro esistenza e il loro senso di esistere, tanto da mancare dell'identificazione dei propri confini, come se questi non avessero avuto modo di formarsi o fossero sfondati o sprofondati. In realtà questo trauma è avvenuto in un momento in cui madre e figlio/a costituivano una dualità in una unità.

Un trauma in questa fase della vita rende più difficile l'identificazione di ciò che è il sé e ciò che è fuori del sé, ovvero l'identificazione dei propri confini. Di questa difficoltà a stabilire i confini ne risente sia l'immunità, per cui tendono facilmente alle allergie anche alimentari, sia la connessione con il cibo, per cui presentano sovente disturbi e disordini nutrizionali. Sui disturbi e disordini nutrizionali non c'è da stupirsi, perché la nutrizione rappresenta, come dicevano gli antichi cinesi, la trasformazione del mondo esterno in mondo interno e si gioca proprio sui confini.

I disturbi alimentari possono essere favoriti da allergie alimentari, da intolleranze e da una particolare fragilità del sistema digestivo. Tale fragilità, per quanto ho osservato, è relativa soprattutto all'intestino tenue, causa di enteriti frequenti nell'infanzia e di patologie di più difficile diagnosi nell'adulto.

Desiderio e paura dell'intimità

Le persone con tipologia di carattere *contatto-esistenza* si amputano della maggior parte delle emozioni e quella che più sentono è la paura proprio di ciò di cui hanno più bisogno: il nutrimento e una calda intimità che li aiuti a radicarsi.

Coloro che hanno questa tipologia di carattere usano le funzioni di controllo per inibire le proprie sensazioni, le proprie emozioni, per negare i propri bisogni. L'idea di base è di riuscire a controllare tutto con la mente per non essere inondati dal sentire: "sentire" sarebbe vissuto come troppo doloroso. Sono persone che si sono amputate emozioni e sensazioni per sopravvivere e anestetizzarsi di fronte a un dolore insostenibile. Questo tipo di persona può arrivare fino a manifestare il desiderio di diventare atarassica, ovvero non sentire più emozioni di fronte agli eventi della vita.

La loro mente tende alla dissociazione, che per loro è stato ed è il modo di sopportare ciò che altrimenti non sarebbe sopportabile, e hanno imparato a gestire questo senso di frammentazione che si portano dentro. Tendono a intellettualizzare, a razionalizzare, a cercare sempre il perché di tutto, anche nei loro rapporti con gli altri che stabiliscono su una base intellettuale e non emotiva.

Coloro che presentano tipologia di carattere *contatto-esistenza* sono poco propensi all'intimità, anzi la fuggono, perché questa li porterebbe ad avere e sentire emozioni, cosa che cercano di evitare. Hanno tendenza a essere schivi rispetto all'ambiente circostante che in qualche modo vedono come una minaccia, ad isolarsi e a evitare ogni situazione emotiva che poco o tanto li disturbi.

L'immagine di sé

Le persone con tipologia di carattere *contatto-esistenza* hanno la caratteristica di essere sradicati, senza confini precisi, con un contatto precario con la propria madre. Queste persone tendono solitamente a frequentare, anche in associazioni o gruppi, persone con la loro stessa tipologia di carattere, persone a loro simili. La modalità che hanno in comune tra loro di rapportarsi, intellettuale e non emotiva, aumenta la dissociazione tra mente, emozioni e corpo, aumenta la difficoltà di radicamento, la difficoltà di avere i "piedi per terra". Non soltanto tendono a frequentare persone a loro simili, ma tendono anche a identificarsi in persone con la loro stessa tipologia di carattere. È un'identificazione più di immagine che di contenuto perché, essendo poco radicati, l'identificazione non si basa su sensazioni e emozioni da cui sono amputati, ma si basa piuttosto su un'immagine esterna. Possono essere anche molto sensibili al riconoscimento sociale, la qual cosa può portarli ad essere influenzati dalla pubblicità e ad adeguarsi al comportamento di coloro che essi pensano essere un valido punto di riferimento, ad esempio la star, il leader, ecc..

La mancanza di radicamento e di sensazione di esistere solitamente porta chi ha tipologia di carattere *contatto-esistenza* alla ricerca di un'immagine di sé che gli dia la sensazione di esistere. La pubblicità sa creare queste immagini con cui identificarsi e che per di più appaiono come socialmente riconosciute. Queste immagini diventano modelli visti come ideali di vita e possono andare dal ruolo sociale al modo di vestirsi, atteggiarsi, nutrirsi, fino a come trascorrere le vacanze. Esse sono costruite più su un senso estetico che non in risposta a bisogni da appagare, i quali vengono negati come vedremo meglio in seguito. Quindi non c'è da stupirsi che tali immagini, ad esempio nella moda, possano essere in contraddizione con l'espansione della propria sessualità.

Oggi alcuni esponenti della moda creano immagini femminili che corrispondono, come ideale, più a una preadolescente sessualmente immatura, che a una donna sessualmente matura. La ricerca di un ideale femminile basato su fattori estetici e non sul sentire emozioni e appagare bisogni, può indurre giovani, già fragili da questo punto di vista perché con tipologia di carattere *contatto-esistenza*, a seguire dei modelli esistenziali per loro pericolosi. Questa scelta di ideale femminile può fare presa più facilmente su un pubblico con tipologia di carattere *contatto-esistenza* ed essere molto probabilmente creata da stilisti della moda con la medesima tipologia di carattere. Se si seguisse tale tendenza tutte le donne dovrebbero essere fisicamente come ragazzine, non solo nel vestito, anche quando ragazzine non sono più, quasi a negare una sessualità adulta. Questi modelli di bellezza, che alcune giovani già psicologicamente fragili tendono ad imitare, possono apparire un'istigazione all'anoressia, soprattutto quando si vedono sfilare modelle di taglia 38.

Le persone con tipologia di carattere *contatto-esistenza* presentano come identificazione, per il sistema neurovegetativo vagale troppo attivato, un profondo senso di vergogna e di non identità riguardo alla loro esistenza. La terapia consiste nell'aiutare queste persone a scaricare il sistema neurovegetativo vagale fortemente attivato e di conseguenza esse lasciano andare sia la vergogna che la non identità. La compensazione invece consiste nell'attivare il sistema neurovegetativo simpatico. Questo le porta ad una controidentificazione in cui si sentono superiori agli altri e in cui credono di non aver bisogno degli altri, attraverso la negazione di ogni loro bisogno e di ogni loro emozione. In altre parole il trauma, con il suo conseguente ipertono del neurovegetativo vagale, le porta a una sensazione di non esistenza e a una conseguente disistima di sé, mentre la compensazione del neurovegetativo simpatico le porta a voler prevalere sugli altri, ad esempio con posizioni che loro credono essere di prestigio sociale. Un mio cliente, la cui moglie presentava tale tipologia, un giorno mi scrisse: «Guardo mia moglie che dorme, sembra una bambina. Quando si sveglia ci guarda tutti come se fossimo dei minorati».

La compensazione del simpatico porta questi individui ad identificarsi in ruoli che hanno un'immagine socialmente definita e riconosciuta e con questi ruoli, che essi presentano come se fossero titoli nobiliari, pretendono dagli altri un riconoscimento di esistenza che essi stessi, nella loro disistima conseguente all'ipertono vagale, non si concedono. Essi presentano questi ruoli come se fossero qualcosa di eroico, di totalmente assorbente, di perennemente presente. Per dirla con altre parole, più che un ruolo in un determinato contesto sociale, è un modo di essere che caratterizza la persona: essere figlio, essere madre, essere medico, essere professore, solo per citarne alcuni. Essi tendono a portarsi dietro questo modo di essere in ogni dove, ad esempio comportarsi da professore anche con familiari e amici, comportarsi da figlio in ogni situazione, ad esempio aspettandosi che siano sempre gli altri a pagare al bar.

La sensazione di non esistere, per le persone che hanno questa tipologia di carattere, può portare a forme compensatorie di identificazione nelle proprie prese di posizione o nelle proprie asserzioni. Se vengono contraddette e devono recedere dalle asserzioni o dalle prese di posizione, ciò può apparir loro come un attentato alla propria autostima, alla propria esistenza. Questo atteggiamento pone problema ad esempio in campo nutrizionale, ove identificarsi in asserzioni sempre più restrittive e non poter recedere da esse, perché ne va della propria autostima, può essere una delle componenti per arrivare a modi di alimentarsi estremamente limitati e squilibrati, possibile anticamera di anoressia. Ad esempio ho presente il caso di una persona che, riducendo sempre più la scelta alimentare, giunse a mangiare praticamente solo zucchini e mele cotte, per di più in piccole quantità.

Il quesito da porsi è se tale scelta dipenda solo da asserzioni in cui la persona si è identificata, a un punto tale da perdere la propria autostima se recede, o se tale scelta dipenda dal tentativo che la persona mette in atto per destreggiarsi fra possibili allergie e intolleranze alimentari, di cui non si sono diagnosticati e definiti gli alimenti scatenanti. Appare infatti comprensibile che per evitare alimenti a cui si sia allergici o intolleranti, non avendo capito quali essi siano, si tenda inconsciamente ad evitare un po' troppi cibi. Una diagnosi precisa delle eventuali allergie e intolleranze alimentari, cosa che alcuni nutrizionisti fanno, può essere particolarmente consigliata in questi casi e, in linea generale, in tutte le persone che presentino questa tipologia di carattere. Tale diagnosi andrebbe ripetuta nel tempo, perché nel tempo le allergie possono cambiare.

Le persone con questa tipologia di carattere negano i propri bisogni, ma se li sentissero veramente si sentirebbero come dei neonati bisognosi. La loro controidentificazione nella reazione del sistema neurovegetativo simpatico li porta a negare di avere bisogno e a sentirsi superiori e forti proprio negando il loro bisogno. Il bisogno, la fame interiore e la sensazione di non identità, proprio perché negati, diventano sempre più forti e paradossalmente inducono la persona a identificarsi sempre più in comportamenti che negano i propri bisogni. I bisogni e la fame interiore fanno paura all'individuo, ovvero paradossalmente egli si trova ad aver paura di ciò di cui ha bisogno e di conseguenza a negarsene l'appagamento.

Il desiderio dell'appagamento e parallelamente la paura, proprio di quell'appagamento, aumentano di pari passo.

Il corpo tende a contrarsi

Le persone con tipologia di carattere *contatto-esistenza* generalmente presentano connotazioni fisiche che le contraddistinguono e che si notano soprattutto nei momenti di maggiore stress.

Il respiro può apparire corto e coinvolgere prevalentemente le parti alte del torace. La pelle, in condizioni particolari, dà la sensazione d'essere sottile e come traslucida. I muscoli possono presentare contrazioni anche diffuse.

Le persone che hanno questa tipologia di carattere spesso accusano una sensazione di dolore corrispondente al plesso solare e un blocco a livello cervicale. Quest'ultimo è come se avesse la funzione di controllare sensazioni ed emozioni impedendo loro di salire dal corpo alla testa e così poter evitare di sentirle. La contrattura può riguardare non solo la base del cranio, ma anche il sistema oculare, fortemente sotto tensione perché questa tipologia di carattere tende a tenere tutto sotto controllo con lo sguardo, che è sempre pronto all'allarme. Il controllo può essere rivolto a tutto il corpo, per cui varie articolazioni possono risentire della contrattura. Queste persone patiscono particolarmente il caldo che tendenderebbe a sciogliere le loro contratture muscolari e le porterebbe più facilmente a sentire sensazioni ed emozioni di cui hanno paura e che desiderano evitare.

Esse tendono ad avere col proprio corpo un rapporto doloroso costringendolo, ad esempio, ad esercizi fisici eccessivi, come se la sensazione di presenza del corpo potesse essere avvertita solo nella fatica e nel dolore, anziché nell'appagamento. Questo rapporto doloroso con il proprio corpo è solitamente presente nell'anoressia.

Riguardo a questa tipologia di carattere racconto un aneddoto. Ho un amico, più o meno mio coetaneo, che frequento da quando eravamo studenti.

All'epoca eravamo tutti impegnati nell'ecologia: si andava in montagna, si studiava la natura. Decidemmo anche di provare ad andare a cavallo fino a quando non rischiammo di romperci qualche osso. Per fare equitazione ci eravamo comprati tanto di stivali e in quell'occasione la cosa che molto mi stupì fu la dimensione abnorme dei polpacci del mio amico, che mai aveva messo piede in una palestra né tanto meno aveva mai giocato a calcio. I suoi polpacci erano paragonabili per dimensioni a quelli di Braccio di ferro, tanto che scherzosamente in quel periodo lo soprannominai "polpaccio di ferro". La sua descrizione fisica si avvicina molto a quella della tipologia *contatto-esistenza*: pelle traslucida e fine, una certa tendenza alle risposte allergiche, tensione oculare e cervicale sotto stress, dolore al plesso solare, contratture muscolari. Anche a livello caratteriale il mio amico è molto simile alla tipologia di questo carattere: avere tutto sotto controllo in forma quasi maniacale ad esempio nello studio (tanto che accumulò all'università tutte lodi fino a che non interruppe gli studi universitari apparentemente senza motivi specifici), razionalizzare sempre tutto ed essere anche molto attento ai suoi ruoli non soltanto professionali, ma anche di figlio e zio.

Professionalmente svolge due lavori, uno di

solitudine davanti al computer e l'altro che per definizione lo porterebbe a vivere in mezzo alla gente usando al massimo le funzioni di relazioni pubbliche. La cosa strana però, riguardo a questa sua apparente grande socialità, è la difficoltà che io ho, letteralmente, a "stanarlo" per fare con lui due chiacchiere o due passi, per un aperitivo non sono ancora mai riuscito nell'impresa!

In un primo tempo pensavo di essere io un po' troppo espansivo, forse anche invadente, poi sulla sua socializzazione mi cominciò a venire qualche dubbio. Una delle poche volte in cui ero riuscito a trascinarlo fuori di casa sua e, come dico io, a raccontargliela un po' mentre egli appariva in quieta sopportazione della mia espansività, improvvisamente mi disse «Veloce, cambiamo marciapiede» e, come una saetta, mi fece attraversare la strada. Dopo gli chiesi il motivo di ciò e mi rispose di aver visto in lontananza due suoi clienti con cui avrebbe dovuto scambiare i convenevoli di rito e di non averne nessuna voglia!

Apparentemente è la persona più razionale al mondo, con una vita gestita da perché chiari e precisi, con qualche contraddizione che mi pareva normale per chiunque. Un giorno, tempo fa, vedendolo gli dissi «Tu presenti tutte le caratteristiche della tipologia di carattere che viene definita *contatto-esistenza*, ma appari anche razionale e non sembra che la dissociazione sia un tuo problema». Lui mi rispose «Veramente quando ripenso alle mie storie sentimentali, me le sono talmente raccontate tante volte nella mia testa, che non so più cosa sia veramente capitato o cosa io mi sia raccontato». Improvvisamente mi vennero in mente i racconti delle sue storie sentimentali che ogni tanto lo travagliano, nonostante sia uno scapolo incallito che vive con la mamma, con le sue piccole abitudini a cui è molto affezionato, come il tè al pomeriggio o l'automobile sportiva superaggressiva.

Al ripetersi di ogni storia sentimentale l'ambivalenza di volerla continuare e di voler scappare si mescola in lui con la paura di sentire sentimenti ed emozioni, di fronte ai quali tutta la sua razionalità va a farsi friggere e lui si trova nudo e vulnerabile al pari di un adolescente.

L'aspetto apparentemente contraddittorio era a livello fisico, perché, nonostante la dimensione abnorme dei suoi polpacci, il passo a spinta non era così marcato. Poi pensai che il suo tentativo di razionalizzare e controllare tutto fosse tale da portarlo persino a inibire la sua voglia di camminare saltellando e lo facesse apparire così coi piedi per terra, razionale, posato.

Controllare per non soffrire

Il controllo è la modalità di chi ha tipologia di carattere *contatto-esistenza* per non sentire e quindi, a suo modo di vedere, non soffrire. Di tutti gli organi di senso quello che fondamentalmente usa per controllare è la vista, anzi tende ad usarla per proteggersi dagli altri organi di senso che, poco o tanto, lo porterebbero a sentire sensazioni o emozioni. Guarda e se ha deciso che ciò che vede non gli piace, molto probabilmente non ne fa esperienza con altri organi di senso. Ciò può valere non solo per un cibo, che non viene né assaggiato né annusato, o per un abito, che non viene neanche provato, ma anche per situazioni esistenziali. Essendo questa tipologia di carattere amputata dal sentire, il controllo è quasi una funzione necessaria per muoversi nel mondo.

Per la persona che ha questa tipologia di carattere controllare, come abbiamo detto, è anche impedirsi di sentire la paura che altrimenti lo invaderebbe: il controllo lo amputa non solo dal sentire, ma anche dall'appagare i propri bisogni e, nello stesso tempo, lo protegge dalla paura. Il risultato può essere un eccesso di controllo sull'ambiente circostante e su di sé, controllo che va dalle proprie emozioni ai propri bisogni, arrivando fino a controllare la fame. Attraverso il controllo della fame controlla il bisogno di nutrirsi, proprio ciò che gli fa più paura, perché il trauma è avvenuto quando il bisogno era di essere radicato nella placenta per nutrirsi.

La situazione si complica se madre e figlio/a hanno questa stessa tipologia di carattere e quindi se la madre usa col figlio/a funzioni di controllo più che basarsi sul sentire sensazioni ed emozioni. Nei primi giorni o mesi di vita di un figlio/a è improbabile che una madre, che nega la propria sensazione di fame e le sensazioni date dai propri bisogni, riesca a percepire fame e bisogni del figlio/a. Il rapporto figlio/a e madre, che è già problematico, può diventare particolarmente teso all'adolescenza, quando il figlio/a cerca la strutturazione della propria identità anche attraverso la propria assertività e l'opposizione verso le figure genitoriali. Il problema è maggiore per una figlia che per un figlio, avendo bisogno la ragazza, per arrivare alla propria identità e per poter passare dall'infanzia alla maturità sessuale, non solo di affermare la propria assertività, ma anche di processi di identificazione e similitudine con una donna adulta.

L'identificazione per la figlia con una madre che esercita su di lei funzioni di controllo è cosa che genera problemi. A una fase di perenne conflitto può subentrare una seconda fase di identificazione nel ruolo di controllo esercitato dalla madre quando la figlia stessa diventi madre e la storia continua.

Al controllo si aggiunge il tentativo di razionalizzare, di chiedere sempre un perché delle cose e cercare di darne una spiegazione. Razionalizzare e controllare sono un paradosso per chi tende alla dissociazione. Non è raro quindi che, nel loro cercare di controllare sia sé che gli altri, confondano l'obiettivo con la strategia per ottenerlo. Questa confusione può complicare i problemi proprio nel tentativo di risolverli per sé o per gli altri e può arrivare addirittura al punto di far diventare problema qualcosa che senza questo atteggiamento non sarebbe diventato tale. Confondere l'obiettivo con la strategia per ottenerlo è, per fare un esempio, consigliare a una persona depressa che non esce di casa «Vedi di muoverti, di uscire, di non essere depresso», che è come dire allo zoppo «Vedi di non zoppicare». Proporre l'obiettivo, menzionarlo, ripeterlo in continuazione non è di utilità, ma dannoso, ben altra cosa è una strategia per risolvere il problema. Insistere sull'obiettivo ripetuto in forma maniacale, o da un pensiero ricorrente proprio o dall'insistenza di una persona vicina, anziché trovare strategie per ottenerlo, serve solitamente a peggiorare la situazione e a consolidare il problema.

Questa situazione, ad esempio, si può venire a creare tra una ragazza a rischio di anoressia e la propria madre. Una madre che faccia pressione sulla figlia affinché mangi, non aiuta certo a trovare la soluzione del problema.

Ambivalenza

Quanto detto si complica ulteriormente. Infatti chi ha tipologia di carattere *contatto-esistenza* è ambivalente riguardo a tutto ciò che nutre e radica, desiderandolo e, nello stesso tempo, avendone paura. E' cosa logica perché è naturale desiderare ciò che nutre e radica e, nello stesso tempo, è altrettanto naturale aver paura del trauma subito che è avvenuto durante la vita fetale, ovvero nel momento in cui c'era da radicarsi e da nutrirsi.

Per una persona con tipologia di carattere *contatto-esistenza* il rapporto con la propria madre è fortemente ambivalente: desiderio di contatto e nello stesso tempo paura, voglia di avvicinarsi e, nello stesso tempo, di fuggire. Questa ambivalenza si manifesta nei riguardi della madre e si ripete in ogni rapporto con il mondo esterno, a maggior ragione se il rapporto è nutriente e importante. Possono avere così paura di ciò che per loro è nutriente da diventar tanto aggressivi da voler mordere, come un animale spaventato che morde per paura chiunque gli si avvicini. Da tale ambivalenza nessuno è escluso: amici, familiari e anche il terapeuta.

Il desiderio di contatto e la memoria del trauma sono un tutt'uno. Ne consegue che l'ambivalenza di queste persone è desiderare di avere contatto e nello stesso tempo il contatto è la cosa che più li spaventa e che li porta a desiderare di fuggire, essendo stato la fonte del loro trauma. Vorrebbero l'appagamento, ma negano il bisogno, negandosi di sentire, desiderano ciò che per loro è nutriente, ma nello stesso tempo ne hanno paura. E' su questo terreno che può albergare l'anoressia.

CONTATTO-ESISTENZA, COMINCIAMO A TIRARE LE FILA

Spiegare la strutturazione di una determinata tipologia di carattere, o per meglio dire secondo il Dr. Lawrence Heller di un determinato "stile di sopravvivenza", a seguito di un trauma avvenuto in una determinata età evolutiva, permette, attraverso la terapia del trauma, di intervenire positivamente sul carattere.

Determinati aspetti del carattere possono apparire irrilevanti in condizioni di particolare serenità e possono esasperarsi in condizioni che riattivano il trauma iniziale. Questo fenomeno di riattivazione del trauma può accentuare alcuni aspetti della tipologia di carattere *contatto-esistenza*, in particolare quando la giovane passa dall'infanzia all'adolescenza e questo può ripetersi anche dopo l'adolescenza, in altri momenti della vita, quando situazioni esterne vengono ad esasperare questa tipologia di carattere. Ciò spiegherebbe come un'anoressia apparentemente risolta possa riemergere.

Il trauma iniziale è stato proprio all'origine della vita, al momento di radicarsi in essa. E' come se vi fosse un parallelismo fra radicarsi nella vita, dal concepimento alla nascita, e radicarsi nell'esistere come donna adulta durante l'adolescenza.

Una tipologia di carattere che nega così le proprie sensazioni corporee, ivi compresa la fame, e la cui compensazione avviene attraverso immagini di sé, comportamenti e ruoli, i quali rendono ancor più difficile contattare le proprie sensazioni e i propri bisogni, porta con sé una serie di disturbi comportamentali e alimentari terreno per l'instaurarsi dell'anoressia adolescenziale femminile.

Un contatto difficoltoso con la propria madre è un trauma all'origine della vita e, essendo la causa che struttura la tipologia di carattere *contatto-esistenza*, è uno dei colpevoli, uno dei fattori alla base dell'anoressia adolescenziale femminile.

Curare il trauma, che è la causa originaria della tipologia di carattere presente in questa anoressia, è curare l'anoressia stessa. Colpevolizzare genitori o quant'altri, che molto probabilmente hanno cercato di fare quanto di meglio sapevano fare, non apre spazio ad alcuna operatività. La colpevolizzazione anziché liberare lega sempre di più e, paradossalmente, tende a far ripetere i comportamenti per i quali ci si colpevolizza. La vera responsabilità di ognuno diventa quella di risolvere i traumi e trasformarli in eventi che fanno parte della storia del vivere: passare dal trauma, che non solo blocca ma tende a essere rimesso in scena e deforma sempre più il carattere, alla fluidità della vita.

Poiché il trauma è oggi curabile, curandolo si può rendere la tipologia di carattere, poco alla volta, sempre meno vincolante.

Attraverso tale terapia i due sistemi neurovegetativi vago e simpatico si acquietano e fra i due sistemi, finalmente a riposo, si stabilisce nuovamente una fluidità di passaggio senza più bisogno di utilizzare lo stress in cui ambedue i sistemi sono iperattivati. Ne consegue che diminuiscono parallelamente d'intensità sia le compensazioni del sistema neurovegetativo simpatico, come i comportamenti dettati dalla mente e le identificazioni di ruolo, sia la sofferenza fino a quel momento non smaltita del sistema neurovegetativo vagale, accumulata in epoca intrauterina e/o alla nascita. La terapia mette la persona nella condizione di sentirsi accolta nel suo modo d'essere e di poter evolvere.

Per la terapia vedasi il capitolo "Fuori dal gorgo dell'anoressia e dei disturbi alimentari".

ANORESSIA
INDIPENDENTE DA SESSO ED ETA'

IL FATTORE SCATENANTE, UN TRAUMA NEL PRIMO PERIODO DI VITA

LA TIPOLOGIA DI CARATTERE
CURE-NUTRIMENTO

Oltre all'anoressia adolescenziale femminile, vi è un'altra anoressia che può subentrare a qualunque età in ambedue i sessi e che riconosce un'altra causa. Questa seconda anoressia, qui detta "anoressia indipendente da sesso ed età", è altra cosa rispetto a quella adolescenziale femminile anche se in alcuni casi può sovrapporsi ad essa.

Nell'anoressia indipendente da sesso ed età rifiutare il cibo è conseguente al senso di esasperazione di aver dato, dato fino ad esaurirsi, senza aver ricevuto in cambio il giusto e la persona può arrivare alla depressione nella forma più grave, fino a deprimere ogni appetito del vivere, ivi compresa la fame.

A forza di dare la persona ha la sensazione di non avere più energia per sé e di non avere alcuna possibilità che i propri bisogni siano appagati. Può arrivare a un tale livello di delusione, depressione e disperazione da pensare che l'unico desiderio possibile sia andarsene per non essere più succhiato dalle richieste del mondo circostante e lasciarsi morire di fame può essere una delle modalità scelte inconsciamente per andarsene.

Questa sensazione di aver dato fino all'esaurimento e non aver ricevuto in cambio il giusto può essere espressa dal modo di dire americano "burn out", letteralmente: spegnersi, estinguersi per esaurimento del combustibile (Dizionario Fondamentale Inglese-Italiano, De Agostini).

Questo comportamento relativo al nutrimento si manifesta in una tipologia di carattere che già facilmente soffre di squilibri della percezione della fame e della sazietà.

Questa tipologia di carattere è la conseguenza di un trauma avvenuto nei primo periodo della vita del bambino, momento in cui devono essere compresi e appagati nel più breve tempo possibile i suoi bisogni di cure e di nutrimento.

Il trauma si origina quando tali bisogni non vengono debitamente appagati. Per primo periodo della vita si intende il periodo dell'allattamento, dello svezzamento e si può arrivare fino ad un'età del bambino intorno ai due anni.

Il Dr. Lawrence Heller riprende le tipologie di carattere già studiate da Lowen nel rapporto con i traumi che le hanno originate e sostituisce, come abbiamo detto, i nomi di tali tipologie di carattere. Queste non prendono più il nome dalla patologia a cui possono dare adito in casi estremi, ma bensì dalla risorsa che è mancata. Questa mancanza è stata la fonte del trauma ed è ciò che bisogna integrare per il benessere della persona.

Questa tipologia di carattere, che è conseguenza di un trauma del bambino relativo alle cure e al nutrimento nel primo periodo della vita e che è alla base di disturbi alimentari con squilibri nella percezione della fame e della sazietà, può essere denominata *cure-nutrimento*.

La tipologia di carattere *cure-nutrimento* può presentarsi in modo indipendente, oppure può venire a sommarsi alla tipologia di carattere *contatto-esistenza* connessa con l'anoressia adolescenziale femminile, complicandola ulteriormente.

I bisogni misconosciuti

Nel periodo di vita che va dai primi giorni a tutto l'allattamento e al periodo immediatamente susseguente, il bambino necessita di nutrimento, di attenzioni e di cure assidue relative ai propri bisogni che per altro non arriva ancora a identificare chiaramente. Il bambino piange e la mamma o chi gli fa da balia deve capire qual è il suo bisogno e appagarlo. Il bisogno può essere relativo ad aver sete, fame, freddo, caldo, paura, tristezza, bisogno di contatto fisico, o quant'altro.

In questo periodo il bambino, in condizioni ottimali, attraversa una fase di aspettativa magica: gli basta esprimere uno stato di disagio, senza ancora aver capito quale sia il bisogno sotteso, e il bisogno magicamente viene appagato dalla mamma, o dalla persona che si prende cura di lui. Per il bambino è una sensazione di onnipotenza, perché manifestando semplicemente disagio è immediatamente capito e appagato nel suo vero bisogno e poco alla volta riesce così a stabilire una griglia di corrispondenza fra i diversi tipi di disagio e i diversi bisogni: passa poco alla volta da una sensazione di onnipotenza alla capacità di identificare i propri bisogni. Il bambino impara a riconoscere malessere da malessere e a capire a quale bisogno ognuno di essi corrisponda. Questo gli permetterà in futuro di poter esprimere delle domande chiare per arrivare all'appagamento dei propri bisogni.

A volte la mamma può non essere presente o non essere sufficientemente attenta ai bisogni del figlio e questo può essere dovuto a condizioni psicologiche, a fattori esistenziali, quali ad esempio necessità di lavoro, malattia propria o di un altro famigliare, o a infiniti altri motivi. Se in questi casi non vi è un'altra persona che faccia da balia, il bambino non riesce a effettuare la corrispondenza fra il disagio sentito e il reale bisogno sotteso, in quanto tale corrispondenza gli dovrebbe essere poco alla volta chiarita dalla risposta perfettamente adeguata di chi si prende cura di lui. Il bambino non arriva a identificare il vero bisogno rimanendo in uno stato di disagio, ancora più sgradevole non comprendendone la vera causa.

In altre parole in questi casi non avviene il passaggio da un malessere indefinito alla identificazione del proprio bisogno e il bambino resterà nei tempi futuri, anche da adulto, nella fase dell'onnipotenza, ovvero nella speranza di una magia in cui qualcuno sia presente, interpreti il disagio, identifichi il bisogno e lo appaghi.

Anche da adulto non sarà in grado di identificare il proprio bisogno e, di conseguenza, non saprà fare le giuste richieste per appagarlo. In condizioni ottimali nel primo periodo della vita il bambino arriva poco alla volta a capire come a ogni malessere, che inizialmente appariva confuso e indefinito, corrisponde un bisogno ben definito.

Se la percezione dei bisogni relativi alle cure e al nutrimento resta perturbata, porterà l'individuo anche da adulto alla tipologia di carattere *cure-nutrimento.* Se ad esempio la persona non ha chiara la sensazione di aver bisogno di riposo, di aver sete, di aver fame, di essere sazia, anche quando è adulta può andare più facilmente in condizioni di surmenage o di squilibri nell'appagamento dei propri bisogni nutrizionali, con un'alimentazione non solo sbilanciata, ma anche in eccesso oppure in carenza.

Inoltre in questa tipologia di carattere l'individuo, poiché ha difficoltà a identificare il suo vero bisogno, è anche impedito nel dire "ho bisogno". Infatti nella sua prima infanzia non era riuscito a individuare, per la mancanza di un adulto che lo aiutasse in questa individuazione, a quale bisogno corrispondesse il malessere di quel momento.

Anche da adulto continua a sentire uno stato di malessere e non sa a che bisogno corrisponda e molte volte anestetizza il malessere, quando si presenta, con una dipendenza, ad esempio accendendosi una sigaretta, assumendo alcoolici o dolci, ecc..

Appello senza risposta

Riguardo alla tipologia di carattere *cure-nutrimento*, mi viene in mente il racconto di una paziente.

Nacque figlia terzogenita, dopo un fratellino e una sorellina spesso ammalata. I genitori appena tornati a casa dall'ospedale, ricordandosi che il primo figlio da neonato li aveva tenuti sempre svegli con pianti notturni ed essendo molto stanchi per le cure prestate alla seconda figlia, pensarono buona cosa mettere la neonata in una culla in fondo al salone, punto più lontano possibile dalla loro camera da letto, per non essere svegliati dagli eventuali pianti. Probabilmente così facendo le attenzioni e le cure prestate alla neonata furono deficitarie considerato che la piccola si ammalò di bronchiolite. Ciò rese necessario un ricovero ospedaliero che, staccando la piccola dall'ambiente famigliare e soprattutto dalla mamma, accentuò ulteriormente la sensazione di non appagamento dei suoi bisogni.

La paziente vive ancora oggi il pianto di un bambino come un'esperienza che riattiva il suo antico trauma. Infatti il marito mi raccontò che una volta, mentre si trovavano in un ospedale nel reparto di ostetricia per una visita a una conoscente, la moglie rischiò di "sclerare" per il pianto continuo di un bambino. Il marito ebbe un'intuizione geniale: mentì dicendole di non preoccuparsi, perché il rumore non era il pianto di un bimbo ma quello di un trapano usato per lavori di ristrutturazione al piano superiore e lei miracolosamente si tranquillizzò. Il trauma subito dalla paziente risaliva alla sua primissima infanzia: al suo pianto nessuno era venuto, nessuno aveva interpretato il suo bisogno, nessuno lo aveva appagato. Il pianto di quel bambino in ospedale mandava in risonanza quel suo trauma antico ma pur tuttavia ancora presente.

Non c'è da stupirsi se ancora oggi, all'età di quarant'anni, abbia difficoltà a individuare dietro ai propri malesseri quali bisogni e quali emozioni si celino.

Il troppo è troppo

Ecco un altro esempio, apparentemente un po' più complicato, relativo alla tipologia di carattere *cure-nutrimento*.

A un mio paziente cinquantenne avevo consigliato di vedere, possibilmente con la madre, il film documentario "Storia del cammello che piange". Il film racconta la storia di un cammellino albino, di nome Botok, che rischiò di morire di fame alla nascita perché sua madre aveva sofferto talmente tanto nel lungo parto da essere così arrabbiata con il neonato da non volerlo allattare. La storia fra figlio e madre finisce bene con la mamma che piange e nutre il figlio grazie all'eccezionale intervento terapeutico dei cammellieri e di una persona da loro chiamata. Non vi racconto di più sul film perché, essendo bello, voglio lasciarvi la gioia incontaminata di vederlo.

Il paziente mi raccontò di aver solo allora scoperto, grazie al racconto che gli fece la madre dopo la visione del film, di aver rischiato, come il cammellino albino, di morire anche lui di fame. La mamma lo partorì quando era molto giovane e, avendo vinto poco prima un premio di bellezza anche grazie alla prosperità del seno paragonabile a quello di Sofia Loren, era convinta di avere molto latte, ma in realtà non ne aveva. Il neonato, subito dopo la nascita, tentò disperatamente più volte di nutrirsi, succhiando senza risultato e addormentandosi subito dopo per la fatica; fu salvato dall'intervento dei medici che, per contro, trattarono malissimo la mamma colpevolizzandola per l'accaduto.

In questo caso l'evento di rischiare di morire di fame alla nascita per mancanza di latte ha avuto per il bambino una duplice implicazione traumatica determinando sia la tipologia di carattere *contatto-esistenza*, conseguente a un trauma avvenuto dal concepimento fino ai primi momenti susseguenti la nascita, sia, attraverso il comportamento della madre verso il figlio nei tempi successivi, la tipologia di carattere *cure-nutrimento*. Infatti l'aver rischiato di morire di fame ha traumatizzato non solo il bambino ma anche la madre che, in seguito col suo comportamento, fu causa per il bambino del trauma relativo alle *cure-nutrimento*, che si venne a sovrapporre a quello di aver rischiato di morire. La madre, sentendosi in colpa per aver rischiato di far morire il figlio di fame e disidratazione, da quel momento in poi interpretò tendenzialmente le successive richieste del figlio come richieste di nutrimento, anche quando tali non erano. I reali bisogni del bambino furono confusi con bisogni nutrizionali e di conseguenza non furono appagati, dando così origine in lui anche alla tipologia di carattere *cure-nutrimento*. Interpretare ogni bisogno del figlio come bisogno nutrizionale è talmente forte in questa madre che ancora oggi il figlio, ormai cinquantenne, si lamenta che quando la madre lo invita a pranzo spinge continuamente verso di lui il piatto di portata pieno di ogni ben di Dio, affinché mangi, mangi, mangi. In queste condizioni, in cui verrebbe da dire che ogni sensazione sia stata affogata nel cibo, è difficile ancor oggi per il figlio connettere i suoi diversi stati di disagio con i suoi diversi bisogni. In altre parole le conseguenze traumatiche sulla madre, a seguito del rischio della morte per fame del figlio alla nascita, hanno fatto sì che la madre abbia reagito automaticamente a ogni richiesta del figlio presentandogli il biberon, cosa per lui traumatica perché "il troppo è troppo", a maggior ragione se va a discapito del prendersi cura dei veri bisogni.

Come si vede da questo esempio, le tipologie di carattere presenti in una persona possono essere più di una e sovrapporsi. Le situazioni che si presenteranno nella vita potranno mandare in risonanza una tipologia di carattere, oppure l'altra, oppure ambedue. Ne consegue che a seconda delle situazioni si può manifestare una tipologia di carattere oppure l'altra, oppure ambedue contemporaneamente.

L'altalena tra depressione e speranza magica

La percezione dei propri bisogni e la possibilità di fare le giuste domande per appagarli si ha quando nel primo periodo della vita il bambino ha avuto le giuste attenzioni, cure, nutrimento dalla mamma o da chi si prende cura di lui. Quando non sia stata data la giusta interpretazione ai suoi malesseri, o non vi siano state sufficienti attenzioni e cure, il bambino arriva a identificarsi con una sensazione di scarsità e si rassegna a non vedere appagati i propri bisogni. Il bambino ha chiesto, ma la sua richiesta non è stata sentita, o non è stata capita e in ogni caso non è stato appagato il suo bisogno. Sopravvivere a bisogni che non sono stati soddisfatti o non sono stati chiaramente identificati può avvenire attraverso la depressione. Questa può essere un modo per non mettersi nuovamente di fronte alla delusione di chiedere senza avere risposta o per smettere di chiedere quando non vi è una vera risposta a ciò che la richiesta sottende.

Lasciarsi andare nella depressione dopo avere inutilmente chiesto dipende da un ipertono del sistema vagale che non ha avuto modo di scaricarsi e la tipologia di carattere *cure-nutrimento* è caratterizzata da un ipertono del sistema vagale.

Un ipertono del sistema vagale rallenta il funzionamento del corpo umano facendogli risparmiare energia: abbassa la pressione, rallenta il ritmo cardiaco, provoca progressivamente sempre più anestesia, fino ad arrivare, nei casi estremi, allo svenimento e, da ultimo, al coma. Questo risparmio energetico è assolutamente necessario al bambino per sopravvivere se i suoi bisogni non vengono corrisposti, ad esempio se non ha di che mangiare quando ha bisogno di mangiare. In altre parole l'ipertono vagale in quel momento è strettamente connesso con la sopravvivenza, permettendo al bambino di risparmiare energia in un momento in cui, ad esempio, vengono a mancare nuovi apporti di energia per carenza di nutrimento.

Un evento si trasforma in trauma quando l'ipertono di uno dei due sistemi neurovegetativi, in questo caso del sistema vagale, non ha modo di scaricarsi e quindi tale ipertono tende a ripresentarsi in ogni situazione analoga, anche nell'età adulta.

Quando l'ipertono vagale si presenta, la persona sente una sensazione di anestesia localizzata o diffusa a tutto il corpo e sovente una sensazione di testa vuota dovuta anche al calo pressorio. Tutto questo rende il soggetto non ben presente come se la situazione riguardasse qualcun altro. Se l'ipertono vagale non viene lasciato scaricare, per sopravvivere si può compensare con un aumento del tono del sistema neurovegetativo simpatico, che ha funzioni opposte al sistema vagale. Il risultato è che ambedue i sistemi neurovegetativi, il vago e il simpatico, sono in ipertono. In altre parole la persona si sente svenire per l'ipertono del vago e invece di lasciare scaricare questa energia e vedere cosa gli riserva la vita dopo di essa, lotta disperatamente contro l'ipertono del vago aumentando l'ipertono del simpatico. L'ipertono del vago, in questa prima fase della vita connessa con i bisogni di cure e nutrimento, è la modalità per sopravvivere del bambino alla carenza, alla penuria, alla non risposta a una richiesta di appagamento dei bisogni. La compensazione data dall'ipertono del sistema simpatico, che si viene a mano a mano a strutturare nei tempi successivi, è cercare disperatamente di avere cose che però danno un'euforia che dura un battito d'ali. Queste cose non corrispondono all'appagamento dei propri bisogni, perché in realtà la persona non conosce i propri bisogni.

In questa tipologia di carattere da un lato vi è la sensazione di scarsità, ma dall'altro lato vi è la speranza magica di appagare i propri bisogni e contemporaneamente l'impossibilità di appagarli, perché non individuati. A momenti di depressione, di sensazione di vuoto, di disperazione, di solitudine, conseguenti al non appagamento dei propri bisogni, la tipologia di carattere *cure-nutrimento* alterna momenti di euforia e di esaltazione dovuti alla speranza magica che qualcuno, ad esempio il principe azzurro, o qualcosa, ad esempio la ricchezza, possa appagare i propri bisogni, anche se non sono stati individuati dalla persona.

Per questa tipologia di carattere "l'identificazione" profonda e protettiva, all'unisono con l'ipertono vagale causato dal trauma, è nella scarsità che protegge la persona anche dalla delusione di non poter appagare i propri bisogni. La "controidentificazione compensatoria", data dall'ipertono simpatico, può essere invece nel cercare di avere, avere, avere in modo però non appagante, perché in realtà non si conoscono i propri bisogni. L'avere in questo caso può essere senza limite proprio perché non ha nulla a che vedere con l'appagamento dei propri bisogni reali e primari.

Per fare un esempio, mi viene in mente un'intervista

a un noto ultramiliardario che alla domanda di quanti soldi pensasse di avere bisogno rispose «Un po' di più di quelli che ho ora!», svelando così come per lui la sete di soldi fosse senza limite, sconnessa dai propri reali bisogni che probabilmente non aveva mai individuato con chiarezza. Riguardo alla "identificazione" e alla "controidentificazione compensatoria", possiamo come esempio pensare alla figura di Paperon de' Paperoni creata da Walt Disney, eclettico descrittore di caratteri umani. Essere ricchissimo è la controidentificazione di Paperone, vivere da miserabile è per lui invece rispettare l'identificazione profonda nella scarsità, tipica della sua tipologia di carattere. Anche ora che è ricco Paperone patisce la fame come da bambino e, pur potendosi permettere palazzi e castelli, quando è nell'intimità della propria camera da letto continua a dormire nel cassetto aperto con un cuscino e una coperta rattoppata, come ai tempi dell'infanzia quando era povero.

Chi manifesta la tipologia di carattere *cure-nutrimento* è nella condizione che se i suoi bisogni fossero veramente appagati rischierebbe di perdere l'identificazione nella sensazione di scarsità, ormai radicata e fatta propria a un punto tale da riconoscersi in essa. Vivrebbe una vera e propria crisi di identità.

Il corpo si protende

La persona che manifesta tipologia di carattere *cure-nutrimento* può presentare connotazioni fisiche che si evidenziano soprattutto nei momenti di stress.

La sensazione di scarsità e l'identificazione in essa

sono solitamente accompagnate da una contrazione dello sterno: è come se diventasse "corto". Il petto ne risulta scavato con una depressione della parte anteriore del torace e le costole possono sporgere lateralmente allo sterno in modo visibile, nel linguaggio medico viene chiamato con parole latine *pectum excavatum.* Il collo risulta lungo e inclinato in avanti, come se fosse tirato in questa direzione dallo sterno corto. La testa si presenta con la bocca protesa come per cercar di mordere qualcosa che sfugge e la mascella è contratta.

Nei casi in cui questa tipologia di carattere si manifesti fisicamente in modo molto accentuato, la persona, quando è sdraiata su una panca da palestra, non riesce ad appoggiare contemporaneamente il bacino, la schiena e la nuca, perché la testa se resta in posizione normale si trova a essere sollevata dal piano; per posarla o iperestende il collo fino a fletterlo all'indietro o usa un cuscino. La pelle solitamente è traslucida e facilmente soggetta ai lividi. L'incarnato del viso dà una sensazione "luminosa" quando la persona è euforica e una sensazione "spenta" quando la persona è depressa. L'apparato muscolare appare insufficiente, particolarmente negli arti inferiori che sono poco stabili e facilmente si affaticano soprattutto se fermi in posizione eretta, come ad esempio nella posizione detta "sull'attenti", per tale motivo vi è tendenza alle cadute soprattutto nell'età infantile. La sensazione che dà la persona, guardandola nel suo insieme, è di una prevalenza delle parti superiori del corpo e della testa rispetto alle parti inferiori.

Nel caso in cui, pur persistendo un'identificazione profonda nel senso di scarsità, vi sia una forte controidentificazione nell'avere, nel possedere, vi è pur sempre una testa protesa in avanti con uno sterno corto, ma il torace nel momento della controidentificazione appare dilatato in senso orizzontale. Solitamente la persona anche se ha una forte controidentificazione nell'avere, alterna a tratti l'identificazione nella scarsità. Tale alternanza si può vedere nella posizione delle spalle spinte all'indietro nella controidentificazione nell'avere e spinte in avanti nell'identificazione nella scarsità. La cosa è particolarmente evidente quando la persona indossa una giacca: nella controidentificazione nell'avere, con le spalle proiettate all'indietro, ciò che appare della camicia attraverso la scollatura della giacca, risulta all'occhio più dilatata della norma in senso orizzontale, meno dilatata della norma quando la persona è identificata nella scarsità, con le spalle proiettate in avanti. Ciò vale sia per il sesso maschile che per quello femminile, anche se nell'uomo si nota di più perché più sovente usa giacca e camicia.

Due letture somatiche a confronto

Le tipologie di carattere presentate da Lowen e successivamente dal Dr. Lawrence Heller rielaborate in rapporto alla risorsa mancata, hanno, come abbiamo detto, un parallelismo in quelle presentate dal Seitai, arte giapponese creata da Noguchi. Quest'ultimo descrive in modo analogo una tipologia di carattere del tutto simile, anche nelle connotazioni fisiche, alla tipologia *cure-nutrimento* di cui stiamo parlando.

Questa tipologia, secondo Noguchi, è caratterizzata dal prevalere o dal deficit del movimento dal dietro in avanti, per dirla con un termine tecnico "in senso postero-anteriore". Questa tipologia è quella implicata nei casi di anoressia indipendente da sesso ed età. La tipologia di carattere implicata nell'anoressia adolescenziale femminile è invece quella che denominiamo *contatto-esistenza* e ha il suo parallelismo in quella che, secondo Noguchi, è caratterizzata dal prevalere o dal deficit del movimento in senso verticale dal basso verso l'alto, il così detto passo a spinta.

Ci limitiamo qui a parlare e descrivere unicamente le prime due tipologie di carattere presentate da Lowen, rielaborate da Heller, e in modo alquanto simile presentate da Noguchi perché sono le tipologie di carattere implicate nei disturbi alimentari e nell'anoressia.

Amare sperando di ricevere in cambio

Chi ha tipologia di carattere *cure-nutrimento* per non affrontare la delusione di chiedere e non ottenere, solitamente non chiede più, si rassegna, si deprime e si identifica nella scarsità amputato dai propri bisogni, che per altro non ha identificato. Proprio perché è insensibile ai propri bisogni cerca di diventare sensibile ai bisogni degli altri. Pensa di poter avere un rapporto con la madre, con gli altri, con il mondo solo se intuisce, interpreta e appaga i loro bisogni, cosa impossibile a chi non è neanche in grado di sentire i propri. Così tende a invertire i ruoli con la madre e con il mondo esterno: non sarebbe il figlio che avrebbe bisogno della madre ma, invertendo i ruoli, farebbe diventare la madre colei che avrebbe bisogno del figlio, non sarebbe lui che avrebbe bisogno del mondo ma sarebbe il mondo che avrebbe bisogno di lui.

Dietro a tanto altruismo vi è il desiderio segreto che se appaga i bisogni degli altri, gli altri finalmente siano presenti ai suoi bisogni e li appaghino. E' la filosofia dell'amore narcisistico: amare per essere amato, dare per ricevere, non sapendo però tanto bene cosa vuol dire essere amato e cosa vuol dire ricevere, perché se ne ha scarsa esperienza.

Molte volte chi ha questa tipologia di carattere può essere spinto dall'anelito di aiutare gli altri proprio in ciò di cui lui avrebbe più bisogno, dedicandosi ad esempio alla cura di randagi, sia animali che umani, o anche a professioni che a lui appaiono umanitarie. Spesso è un bambino che ha dovuto crescere in fretta e che ha cercato fin da piccolo di comportarsi come un grande. Continua ad attirare l'attenzione su di sé con la parola e lo sguardo che, dietro un'apparente amorevolezza, cela il bisogno di aggrapparsi, di sentirsi dire "ti amo".

Dare per ricevere, amare per essere amato, corrisponde a una richiesta che non è colmabile. Non è possibile colmare un bisogno, un vuoto, che non è stato identificato. Come nella prima infanzia il chiedere non aveva sortito effetto e il bambino era arrivato a identificarsi nella scarsità, nell'impossibilità di ottenere, così nelle fasi successive della vita può andare in crisi il dare per ottenere, perché in realtà non si può ottenere l'appagamento di un bisogno che non è stato identificato.

L'appetito di vivere si estingue

Dare nella speranza di ricevere e, proprio per questa

speranza, dare sempre di più senza rispettare i propri tempi e i propri bisogni che per altro non sono identificati, porta solitamente a quello che ormai è chiamato con il termine americano "burn out", letteralmente: spegnersi, estinguersi per esaurimento del combustibile. E' la situazione di chi nel proprio ruolo di madre, o di figlio, o di medico, ecc., in ogni caso in un ruolo in cui ha da prendersi cura di altre persone, ha la sensazione d'essere diventato la mammella che tutti mungono, da cui tutti pretendono, senza ricevere in cambio il dovuto.

L'amore narcisistico che dà, nella speranza di ottenere in cambio, può trasformarsi in un pretendere, anche questo solitamente senza risultato, a cui consegue delusione, rabbia e voglia di risarcimento. In ultima analisi: inizialmente non è stato appagato, quanto meno correttamente, il bisogno di cure e di nutrimento, poi è stato deluso il tentativo di ottenere appagamento in cambio di ciò che lui dà agli altri. Tale tipologia di carattere, di fronte all'inutilità di tutto questo suo agire, può arrivare alla depressione, perdere il desiderio di vivere e perdere, nei casi più gravi, anche la voglia di mangiare.

Il ripetersi di esperienze sempre simili di amore narcisistico, in cui si dà sperando di ricevere, rinforza il trauma. Il risultato è che l'individuo può arrivare a un livello di delusione e di esasperazione tale da perdere quegli "appetiti" connessi col desiderio di vivere che nutrono e rendono gradevole la vita, dal sesso alla fame. Sono i casi in cui lo stimolo della fame può diminuire, fino a scomparire nelle depressioni più gravi.

Perdere lo stimolo della fame non è strano per chi presenta tale tipologia di carattere, perché solitamente non ha mai avuto ben chiara la sensazione di fame e di sazietà. Il trauma è avvenuto in quella fase della vita in cui si stava elaborando la connessione fra i vari tipi di disagio e i vari bisogni. Il bambino ha manifestato disagio piangendo, ma il suo bisogno non è stato appagato, perché, come detto, o non è stato identificato dall'adulto preposto alle cure, o quest'ultimo è stato assente.

Smettere di mangiare per delusione

Chi ha la tipologia di carattere *cure-nutrimento* ha una percezione perturbata della fame, della sazietà e un equilibrio instabile tra queste due. Quando il suo amore narcisistico, ovvero amare per essere amato, arriva di fronte alla delusione estrema di non poter ottenere in cambio l'appagamento, può avere, a seconda dei casi, due risposte opposte: mangiare come un sacco senza fondo o digiunare.

E' esperienza comune che dopo una delusione amorosa o dopo un lutto, che può essere relativo anche a una situazione economica, vi è chi affoga il dolore nell'eccesso di cibo e chi perde con il beneamato l'interesse per la vita e per il cibo. La sensazione di delusione, per aver dato, dato e, nonostante questo, la conclusione sia stata fallimentare, può essere all'origine di una depressione tale da arrivare a ledere l'istinto vitale fino alla perdita dell'appetito e di quegli istinti connessi col desiderio di vivere.

Anoressia e depressione

Questa diminuzione o perdita dell'appetito, possibile manifestazione della tipologia di carattere *cure-nutrimento*, può subentrare a qualsiasi età, sia nel sesso maschile che in quello femminile e può essere chiamata "anoressia". E' la fame che non c'è più, non il controllo e la lotta contro la fame, è uno stato depressivo tale da far passare anche la fame fino a farla scomparire completamente nei casi più gravi.

E' bene distinguere questa "anoressia" di cui stiamo parlando, che può insorgere nel sesso maschile e in quello femminile a qualsiasi età e che è caratterizzata da uno stato depressivo, da quella chiamata "anoressia adolescenziale femminile" che, anche se può avere delle recrudescenze in età adulta, insorge nel solo sesso femminile nell'adolescenza ed è contraddistinta da uno stato psichico tendenzialmente dissociativo. Infatti l'anoressia adolescenziale femminile ha due concause: una differenza mal gestita del gruppo sanguigno tra madre e figlia e parallelamente il manifestarsi, in tutta la sua magnitudo, della tipologia di carattere denominata *contatto-esistenza*.

Quando i traumi si sommano

L'anoressia indipendente da sesso ed età può anche complicare una situazione potenziale o già scatenata di anoressia adolescenziale femminile, perché la stessa persona può avere subito nell'arco della sua vita molteplici traumi.

La stessa persona può aver subito traumi in età

evolutive diverse e presentare, di conseguenza, più tipologie di carattere che si evidenziano o meno a seconda che le situazioni mandino in risonanza un trauma o l'altro o ambedue.

La manifestazione di una tipologia di carattere può sovrapporsi a manifestazioni di un'altra tipologia di carattere. L'anoressia che abbiamo detto essere indipendente da sesso ed età, conseguente alla tipologia di carattere *cure-nutrimento* causata dal trauma dei bisogni misconosciuti, può sovrapporsi a manifestazioni della tipologia di carattere *contatto-esistenza*, conseguente a un trauma avvenuto durante il periodo fetale o immediatamente dopo la nascita.

Non è escluso che un disturbo alimentare o un'anoressia conseguente alla tipologia di carattere *cure-nutrimento* venga a intricare ulteriormente il quadro di un'anoressia adolescenziale femminile.

Quando insorge la dipendenza

La tipologia di carattere *cure-nutrimento*, avendo una scarsa connessione con la fame e la sazietà, può tendere all'eccesso nutrizionale come modo di affogare ogni disagio, fenomeno oggi molto diffuso, oppure in caso di particolare esasperazione e depressione può cascare nell'eccesso opposto, nel deficit alimentare che può arrivare, nei casi più gravi, all'anoressia. I due eccessi possono alternarsi: periodi di abbuffate e periodi di regimi alimentari restrittivi e squilibrati; è così possibile che il peso vada su e giù come uno yo-yo. Questa alternanza è anche dovuta all'incapacità di moderarsi, sovente presente in questa tipologia di carattere. Come diceva Oscar Wilde "è più facile l'astinenza che la moderazione".

Nell'attuale società di stampo occidentale in cui vi è abbondanza di generi alimentari, se l'adulto a cui sono affidate le cure del bambino non ne ha identificato i bisogni, tende di solito a interpretare ogni stato di disagio del bimbo come se si trattasse di un bisogno nutrizionale: rimpinzandolo. Non sono stati individuati i veri bisogni del bambino, ivi compreso quello di affetto, e questo è già fonte di trauma, e sono stati tutti affogati nel cibo, e questo è fonte di altro trauma. Non è stata rispettata la sensazione della sazietà, che è stata come sfondata, e tanto meno è stata rispettata la sensazione di una sana fame a cui non si è permesso nemmeno di affiorare e di manifestarsi. Non solo i bisogni non sono stati appagati ma sono state perturbate la percezione della fame e ancor più quella della sazietà, col risultato che l'equilibrio tra le due diventa problematico.

Questo atteggiamento di soffocare ogni bisogno con l'assunzione di cibo può protrarsi anche in età adulta: mangiare in modo automatico e compulsivo come risposta a ogni malessere, a ogni bisogno non identificato.

Rispondere a ogni malessere esistenziale sempre nello stesso modo automatico e compulsivo è, molto semplicemente, aver creato una dipendenza, in questo caso dal cibo. Le dipendenze solitamente sono intercambiabili: si può dipendere dal cibo, dal fumo, dall'alcool o da quant'altro e la tipologia di carattere *cure-nutrimento* è particolarmente esposta alle dipendenze che usa per soffocare malesseri corrispondenti a bisogni non identificati. Le dipendenze sfasano ulteriormente il sistema percettivo dei bisogni. Ne consegue che questa tipologia di carattere, essendo già predisposta alle dipendenze, è particolarmente sensibile a quegli errori alimentari e dietetici che danno dipendenza, ben di più che altre tipologie di carattere. Inoltre tali errori, come ad esempio eccesso di sale, cibi troppo glicemizzanti, alimentazione squilibrata relativamente ai grassi, ecc., perturbano ulteriormente l'equilibrio tra fame e sazietà che è già particolarmente squilibrato in questa tipologia di carattere.

Aggrapparsi al cibo, in modo dipendente, non è sentire lo stimolo della fame che sovente è misconosciuto in chi presenta la tipologia di carattere *cure-nutrimento*. Infatti, in tale tipologia di carattere vi è chi mangia perché sente mal di stomaco e gli passa mangiando, chi mangia perché si sente debole, chi mangia per colmare un vuoto interiore, chi mangia per ridurre lo stress e l'ansia, chi mangia perché è depresso, chi mangia per dipendenze alimentari da sostanze che nell'alimentazione non dovrebbero essere presenti (es.: glutammati, zuccheri aggiunti, ecc.), ma difficilmente mangia perché sente fame e smette di mangiare perché si sente sazio. Non è stata messa a punto la griglia di connessione fra il bisogno e la percezione del disagio corrispondente. Per di più, in alcuni casi, la percezione della fame, prima che potesse manifestarsi, è stata inibita da un'assunzione di cibo troppo frequente, a tutte le ore del giorno e della notte, eccessiva e compulsiva, ovvero automatica e sconnessa dalla sensazione di appagamento. In tali condizioni non può più sussistere la sensazione della fame, ma non può più sussistere neanche la sensazione della sazietà, perché è stata di molto superata, come se si fosse sfondato il limite della percezione, arrivando ad essere un sacco senza fondo.

A complicare la situazione oggi vi è un battage pubblicitario di diete, il più delle volte squilibrate e restrittive, che hanno come unico fine la perdita di peso, obiettivo condiviso da coloro che hanno questa tipologia di carattere quando l'alterata percezione della fame e della sazietà li porta ad eccedere nel cibo e ad ingrassare. Diete squilibrate e restrittive possono essere causa di comportamenti ossessivi e aumentano il senso di carenza e di penuria, che sta alla base di questa tipologia di carattere, col risultato di rinforzare il trauma e perturbare ulteriormente la percezione di fame e sazietà. Tali diete, assieme a eventi che mandino in risonanza il trauma dei bisogni misconosciuti e rinforzino le manifestazioni della tipologia di carattere *cure-nutrimento*, possono essere concausa di quei comportamenti alimentari che caratterizzano quelli che vengono chiamati "disturbi alimentari". I risultati possono essere: in eccesso, con un'alimentazione eccessiva che può essere causa di obesità, o più raramente in difetto, arrivando nei casi più gravi anche all'anoressia.

Una persona con sensazione perturbata della fame e della sazietà, ha bisogno di essere ben guidata attraverso una dieta appropriata per recuperare una sana percezione di fame e sazietà in equilibrio dinamico tra loro. In natura l'equilibrio tra fame e sazietà regola in modo preciso la nutrizione di ogni animale a condizione che sia rispettata la sua DNE®, Dieta della Nicchia Ecologica. Così dovrebbe essere anche per l'uomo. La Dieta della Nicchia Ecologica dell'uomo è nel rispetto della natura umana e delle diversità individuali, come un abito confezionato su misura. Andare fuori dalla DNE, con errori sia nutrizionali che comportamentali di stile di vita, perturba ulteriormente l'equilibrio tra fame e sazietà, ancor più se già instabile per motivi caratteriali.

CURE-NUTIMENTO, COMINCIAMO A TIRARE LE FILA

La tipologia di carattere *cure-nutrimento* si struttura a seguito di traumi relativi a bisogni misconosciuti della primissima infanzia: chiamare senza risposta, essere isolato in incubatrice, non essere allattato al seno, non avere più le attenzioni della mamma perché ammalata o distratta da altro, ecc.. Questi traumi hanno dato luogo a una grandissima paura: quella di essere abbandonato. La terapia aiuta a comprendere che questa paura fa parte del passato. Ora invece è importante che la persona non abbandoni se stessa, è importante che sia la propria nutrice, la propria mammella, il proprio punto di forza e che dia energia anche al proprio corpo. Da questo punto è possibile vedere la paura dell'abbandono con occhi diversi e, poco alla volta, lasciarla nel passato. Oggi non ha più motivo d'essere.

Nel trauma del carattere *cure-nutrimento* il bambino ha chiesto, chiesto senza risultato fino a non sentirsi più nel diritto di chiedere. Nella terapia la persona si connette col sentire il proprio respiro e le proprie sensazioni corporee del momento presente. Da qui guarda al momento in cui non si è più data il diritto di chiedere e finalmente si permette questo diritto poco alla volta, come se lo facesse cadere goccia a goccia. In tutto questo processo la persona resta ben presente al proprio respiro e a sentire le sensazioni del corpo, eventualmente le emozioni, e lascia tutto fluire senza respingere, senza bloccare, senza indurre. Si usa quanto è già stato integrato nell'esperienza corporea per integrare poco alla volta ciò che non era stato integrato dell'evento passato.

La terapia, aiutando la persona a darsi il diritto di chiedere, la aiuta anche a identificare i propri reali bisogni che sono stati così misconosciuti dagli altri da essere misconosciuti anche dalla persona stessa. Riconnettere la persona ai propri bisogni vuol dire riconnetterla alla gioia di vivere, tirarla fuori dalla depressione.

Sovente la tipologia di carattere *cure-nutrimento* alimenta desideri magici come se fossero la porta della felicità: il principe azzurro, la ricchezza, ecc.. E' come se questi desideri magici realizzandosi portassero con sé l'appagamento di tutti i bisogni, anche quelli non identificati, ma in realtà questi desideri sono sconnessi dai reali bisogni.

La terapia aiuta questa tipologia di carattere a distinguere tra desideri magici e bisogni reali, a formulare domande chiare e precise riguardo ai propri bisogni e a mobilizzare la propria aggressività per ottenere l'appagamento dei bisogni finalmente identificati. La persona va aiutata non solo a identificare i propri bisogni e a lottare per appagarli, ma anche a gestire la rabbia che deriva dall'impossibilità di realizzare il proprio desiderio magico: qualcuno, non solo il principe azzurro ma anche il terapista, che possa in qualche modo soddisfare tutti i bisogni.

La terapia aiuta la persona a sentire il proprio corpo, la vita e la forza che lo anima senza tensioni, a rilasciare la mascella, a sentire il respiro della vita nei propri polmoni, a dilatare la cassa toracica, facilmente depressa in questa tipologia di carattere.

Una fonte di trauma nel primo periodo della vita può essere stato il non riconoscimento e appagamento del bisogno di contatto fisico amorevole. In questo caso prendersi cura in terapia, poco alla volta, del contatto fisico aiuta la persona a sentirne il bisogno e l'aiuta anche a sentire il bisogno d'amore e a non invischiarsi in un amore narcisistico di chi ama per essere amato, destinato a fallire. E' riconoscere e appagare il bisogno d'amore che tutti hanno.

Per la terapia vedasi il capitolo "Fuori dal gorgo dell'anoressia e dei disturbi alimentari".

FUORI DAL GORGO DELL'ANORESSIA E DEI DISTURBI ALIMENTARI

CURARE IL CARATTERE
CURANDO IL TRAUMA

Sia l'anoressia adolescenziale femminile che l'anoressia indipendente da sesso ed età e i disturbi alimentari presentano un'analogia: albergano su tipologie di carattere che si sono strutturate a seguito di eventi traumatici avvenuti in diverse età evolutive dell'individuo, la prima dal concepimento alla nascita e la seconda nel primo periodo della vita.

L'anoressia adolescenziale femminile dipende dalla presenza di una diversità mal gestita di gruppo sanguigno tra madre e figlia e dal concomitante manifestarsi nella giovane della tipologia di carattere *contatto-esistenza*, dipendente da traumi avvenuti nel periodo che va dal concepimento alla nascita compresa. Essendo necessaria la compresenza della diversità mal gestita di gruppo sanguigno, questa tipologia di carattere da sola non dà luogo all'anoressia, però frequentemente porta con sé allergie, che possono investire anche la sfera nutrizionale, e intolleranze alimentari.

L'anoressia indipendente da sesso ed età è invece connessa con la tipologia di carattere *cure-nutrimento*, che è conseguente a traumi avvenuti nel primo periodo della vita. Questa tipologia di carattere può portare a uno stato depressivo che in alcuni casi può sfociare in un'anoressia che può manifestarsi a qualsiasi età e in ambedue i sessi. Molto sovente porta con sé una predisposizione alle dipendenze, comprese quelle alimentari, le quali possono essere dei veri e propri disturbi alimentari.

Curare l'evento traumatico e trasformarlo in semplice evento che arricchisce l'esperienza, permette poco alla volta di "ammorbidire" la tipologia di carattere in questione e di conseguenza prevenire, qualora sia ancora latente, o curare, qualora sia già manifesto, ciò che può dipendere dalla tipologia esacerbata del carattere.

I caratteri nella storia

Da tempo immemorabile l'uomo ha cercato di studiare e classificare i caratteri in varie tipologie ed ha cercato di identificare per ognuna le modalità di vita più adeguata.

Nell'antica Grecia e anche in epoche successive largo seguito ebbe l'interpretazione secondo la quale l'universo, uomo compreso, sarebbe costituito da quattro elementi: aria, acqua, terra e fuoco e il carattere di una persona sarebbe dipendente dal prevalere in lui di uno di questi elementi.

Per la medicina tradizionale cinese gli elementi invece sono cinque, nel seguente ordine: fuoco, terra, metallo, acqua, legno disposti in senso orario su un pentagramma con la punta verso l'alto e con il fuoco sul vertice superiore. Ogni elemento comprende una specifica funzione in tutti i suoi aspetti, anche quello emozionale, ed ha una polarità yang, in contatto con l'esterno, e una polarità yin, interna. Tanto per fare un esempio l'elemento acqua corrisponde nel corpo umano alla funzione emuntoria, il che vuol dire drenare con i reni (polarità yin) i liquidi ed espellerli fuori dall'organismo attraverso le vie urinarie (polarità yang) che sono in contatto con l'esterno, tanto e vero che è possibile esplorarle dall'esterno senza procurare ferite. All'elemento acqua corrisponde un'emozione specifica: la paura, sia esistenziale connessa col mondo interno, polarità yin, sia connessa col mondo esterno, polarità yang. Per la medicina cinese il ciclo vitale è passare da un elemento al successivo che viene ad esprimersi in tutti i suoi aspetti, ivi compreso quello emozionale, ad esempio passare dall'acqua, che come emozione corrisponde alla paura, al legno, che corrisponde alla collera. Ne consegue che nel ciclo vitale un'emozione genera la successiva: la paura (acqua) genera la collera (legno) che genera la gioia (fuoco) che genera una buona immagine di sé e degli altri (terra) che genera la tristezza (metallo) che genera la paura (acqua) e così di seguito. Questo è il ciclo vitale che si ripete nel tempo, come le stagioni. Invece il ciclo di controllo, per certi aspetti anche di distruzione, è passare da un elemento ad un altro saltandone uno; per tornare al nostro esempio, dall'acqua al fuoco. E' come se l'elemento acqua non venisse attraversato e funzionasse come uno specchio riflettendo direttamente sull'elemento fuoco. Di conseguenza si salta l'elemento legno e così questo non può esprimersi e tanto meno può esprimersi l'emozione corrispondente: la collera, nelle sue polarità yin e yang. Un'emozione non espressa non può essere abbandonata e restando in sottofondo fa sì che l'individuo rimanga in collera verso sé e gli altri, collera repressa e impotente. Inoltre questa energia dell'acqua proiettata sul fuoco tende a spegnerlo anche nella sua componente emozionale: la gioia. Il ciclo di controllo, secondo l'antica medicina cinese, ha conseguenze sulla salute fisica, emozionale e sulla strutturazione del carattere.

L'astrologia da sempre classifica i caratteri. Oggi, anche se il mondo appare incentrato su scienza e ragione, si parla correntemente dei caratteri secondo l'astrologia cinese e dei caratteri secondo i dodici segni zodiacali, l'ascendente, le case, ecc..

In epoca recente psicoanalisi e psicoterapia si sono interessate al carattere.

William Reich descrisse in modo dettagliato varie tipologie di carattere e come esse, quando particolarmente esasperate, diano luogo a vere corazze anche corporee. Questa classificazione fu ripresa da Lowen nella bioenergetica che, attraverso esercizi sia emozionali che fisici, punta al rilasciamento delle corazze.

La Gestalt, iniziata dall'eclettico Fritz Pearls, ribadisce, in modo analogo alla medicina cinese, come il carattere sia il risultato dell'imprimersi di emozioni non espresse. Queste emozioni non espresse condizionerebbero le percezioni dell'uomo e di conseguenza ne condizionerebbero anche le reazioni. La condizione ottimale sarebbe esprimere ogni emozione. Quando si è impossibilitati ad esprimere un'emozione, questa si "imprime" dando luogo a una tipologia di carattere e a una strutturazione fisica. Non a caso la parola carattere significa "inciso nella pietra" e con lastre di pietra così incise, dette litografie (litos = pietra, grafia = scrittura), si stampò fino a tutto il Medioevo.

Lowen, fondatore della bioenergetica, vide una connessione tra le tipologie di carattere e i traumi avvenuti nelle varie età evolutive dell'individuo. In epoca recente il Dr. Peter Levine, ideatore della Somatic Experiencing®, diede una spiegazione neurofisiologica del trauma e fornì una via per curarlo e per prevenirlo. Il Dr. Lawrence Heller, esperto di Gestalt, della bioenergetica di Lowen, della Somatic

Experiencing® e ideatore del *The NeuroAffective Relational Model™*, NARM, ha ripreso le tipologie di carattere di Lowen, ne ha cambiato il nome, le ha intitolate con il bisogno che corrisponde a quella determinata età evolutiva ed ha realizzato una terapia del trauma il cui obiettivo è migliorare le problematiche connesse con le diverse tipologie di carattere. Questa terapia del trauma può essere applicata anche a disturbi alimentari e anoressia.

Le tipologie di carattere presentate da Lowen hanno un loro parallelismo nel mondo orientale.

Il Seitai, arte giapponese creata da Noguchi (1909-1976), studia il carattere umano e lo classifica secondo varie tipologie per molti versi simili alle tipologie della bioenergetica formulate da Lowen.

Per poter identificare la tipologia di carattere prevalente nella persona in un determinato momento, particolare attenzione è dedicata da Noguchi allo studio del modo di camminare e del modo di stare eretti, le quali cose possono avvenire solo in presenza di un funzionamento muscolare coordinato. In condizioni ottimali, secondo il Seitai, per stare in posizione eretta e per deambulare ci si avvale di cinque componenti del movimento senza che nessuno di essi prevalga o sia deficitario o assente. In questo caso la persona non presenta particolari condizionamenti di carattere, è psicologicamente equilibrata e si inserisce armonicamente nel fluire della vita qualunque essa sia. Molto sovente però, relativamente a uno di questi cinque movimenti, l'individuo presenta o una prevalenza, che può essere minima fino ad essere molto marcata nei casi caratterialmente più tipizzati, o un deficit, fino ad arrivare all'assenza nei casi più tipizzati. La cosa è facilmente osservabile: basta ad esempio appostarsi vicino a una fermata dell'autobus dove, tra le persone in piedi ad aspettare, si può constatare come alcune siano caratterizzate, in modo ripetitivo, da uno di questi movimenti.

Se la prevalenza o il deficit del movimento in questione è minimo si è in presenza di una tipizzazione di carattere che non ha aspetti particolarmente vincolanti né autolesionistici, cioè di quella tipizzazione del carattere che è alla base di predisposizioni, inclinazioni, preferenze che fanno sì che vi siano scelte congeniali per l'espansione dell'energia vitale dell'individuo. Qualora la vita non abbia offerto la possibilità di scelte congeniali per lo svolgimento della medesima e/o vi siano stati eventi, che oggi potremmo chiamare traumatici, che abbiano intaccato l'energia vitale, la tipologia di carattere solitamente si esaspera e si ha, in modo sempre più marcato, il prevalere o il deficit di uno dei cinque movimenti. In questi casi il carattere risulta particolarmente tipizzato e vincolante, la persona non è psicologicamente equilibrata, più facilmente va incontro a malattie, anche croniche, e presenta solitamente problemi relazionali tra sé e il mondo. Questa situazione di squilibrio, se si perpetua, tende a rendere sempre più faticoso il vivere.

Il Seitai di Noguchi è fondamentalmente pedagogico e aiuta l'individuo a ritrovare il proprio equilibrio partendo dalla consapevolezza del respiro e delle sensazioni corporee. Attraverso il *Tai-so* vengono fornite dal maestro indicazioni per una ginnastica specifica per il singolo individuo, ginnastica che tende ad essere per lui riequilibrante relativamente al movimento in eccesso o in difetto. Attraverso lo *Yu-ki* due persone mettono in comunione l'energia vitale, il *Ki*, nella presenza e nell'accoglienza del proprio sentire corporeo, lasciando contemporaneamente fluire il movimento. Attraverso il *So-ho* il maestro indica al corpo dell'individuo una via da percorrere per tornare all'equilibrio, un po' come fa l'agopuntura stimolando determinati punti. Attraverso il *Katzu-ghen-undo*, letteralmente "movimento liberatorio", si facilitano i movimenti inconsci dipendenti dal sistema extrapiramidale, che fa parte del nostro sistema nervoso centrale. Con i movimenti extrapiramidali può scaricarsi l'energia che è rimasta intrappolata in uno dei due sistemi neurovegetativi, il vago o il simpatico, e che altrimenti non riesce a scaricarsi. Il Seitai è quindi una possibile via per la terapia del trauma attraverso il *Katzu-ghen-undo*, movimento liberatorio extrapiramidale che, nella piena consapevolezza del proprio respiro e delle proprie sensazioni corporee, va lasciato fluire senza indurlo né controllarlo.

Carattere e trauma

Le diverse classificazioni del carattere hanno una loro validità e ragion d'essere all'interno della strutturazione di pensiero in cui sono nate, diventa cosa difficile dare una classificazione che sia universalmente accettata. Lo scopo qui non è fare il tifo per una classificazione piuttosto che per un'altra, ma è vedere come si possa in terapia rendere poco alla volta meno vincolante la tipologia di carattere, qualunque sia la classificazione adottata, col risultato di migliorare ciò che dal carattere può dipendere, disturbi alimentari e anoressia compresi.

Per essere operativi sarebbe opportuno vedere se vi sia un punto che accomuni correnti di filosofia, di psicoterapia e di pensiero riguardo allo strutturarsi del carattere del singolo individuo. Il punto in comune, che si può considerare punto di partenza da cui si generano le diverse tipologie di carattere, potrebbe essere costituito da come l'individuo ha gestito gli eventi della vita facendoli diventare fonte di ricchezza o di trauma. Vi sarebbe quindi una connessione fra eventi intercorsi, la loro gestione da parte dell'individuo, che può averli vissuti come traumatici, e lo strutturarsi del carattere stesso.

Gli eventi definibili traumatici sono quelli che danno luogo ad una reazione abnorme dell'individuo. Questa reazione tende a ripetersi quando si ripresentano situazioni analoghe, determinando sempre le medesime risposte e, di conseguenza, tende a rinforzarsi sempre più.

Qualunque sia la classificazione delle tipologie di carattere adottata ciò che è veramente importante è considerare che il carattere non sia qualcosa di fisso e immutabile, ma che con la terapia sia possibile intervenire positivamente su di esso trasformando l'evento traumatico che lo ha causato in evento che arricchisce l'esperienza della vita.

La terapia del trauma a cui si è fatto riferimento in questo lavoro è la Somatic Experiencing® arricchita dalla NARM, *The NeuroAffective Relational Model*™. Essa è efficace e progressivamente sempre più diffusa.

Quanto diremo non è un trattato esaustivo su Somatic Experiencing® e su NARM, ai cui libri e ai cui corsi di formazione si rimanda per ogni ulteriore chiarimento, e neppure intende minimamente essere una guida di autoterapia, perché la terapia richiede esperienza e competenza.

Il trauma secondo la Somatic Experiencing® (SE)

Negli ultimi anni il Dr. Peter Levine, ideatore della Somatic Experiencing® (detta anche SE), ha dato del trauma una definizione e una spiegazione scientifica, relativamente semplice e operativa, che permette non solo di capire come si instauri, ma anche di prevenirlo e di curarlo con una modalità che, pur nel suo operare scientifico, è in armonia con la tradizione della meditazione.

Il Dr. Peter Levine studiò biofisica medica e psicologia e fu consulente NASA per lo sviluppo dello Space Shuttle. Una sua intuizione degli anni '70 lo portò a sviluppare un metodo per la terapia del trauma. Infatti osservò che i mammiferi selvatici, ad esempio quando sono preda di altri animali carnivori, avrebbero quella che lui definisce una "connaturata immunità" nei riguardi del trauma, senza la quale non potrebbero sopravvivere. L'uomo, anche esso mammifero, di fronte al pericolo ha reazioni istintive fondamentalmente identiche a quelle di qualunque altro mammifero. Peter Levine quindi si domandò perché l'uomo si traumatizzi molto più facilmente rispetto a tutti gli altri mammiferi liberi in natura. Nel suo lavoro con persone traumatizzate arrivò alla conclusione che nell'uomo la corteccia cerebrale (neocortex), la cui funzione razionale è dominante rispetto a quella degli altri mammiferi, rende più difficile il processo naturale di funzionamento del cervello istintivo (rettiliano) e di quello emozionale (limbico). Il risultato è che per l'uomo è più difficile attraversare esperienze coinvolgenti che, di conseguenza, più facilmente si trasformano in traumatiche.

A seguito di un evento vissuto come coinvolgente si produce una grande quantità di energia in uno dei due sistemi neurovegetativi, vagale oppure simpatico. Quando questa energia resta imprigionata nel sistema neurovegetativo in questione e non riesce più a scaricarsi, dà luogo al trauma. Nell'uomo ciò avviene più frequentemente rispetto agli altri mammiferi per il predominio del cervello razionale. L'energia imprigionata investe l'uomo in toto, non solo nella psiche, ma anche nelle emozioni e nel funzionamento fisico. E' risaputo che vi sono malattie organiche che possono insorgere in seguito a un trauma.

Il Dr. Levine non solo spiega la genesi del trauma, ma indica anche una via per traumatizzarsi meno facilmente o per risolvere traumi già instaurati facilitando l'autoregolazione del sistema neurovegetativo.

Quando l'individuo si trova davanti a un evento, questo per essere gestito può richiedere una grande quantità di energia del sistema neurovegetativo vagale, oppure del sistema neurovegetativo simpatico. Quando questa grande quantità di energia ha la possibilità di scaricarsi, l'evento viene vissuto come tale e arricchisce l'esperienza. Quando invece questa energia resta intrappolata nel sistema neurovegetativo in questione e non riesce più a scaricarsi, essa dà origine a una serie di problemi fisici, emozionali e psichici che vanno sotto il nome di trauma e ne consegue che l'evento viene definito traumatico. Responsabile del trauma è quindi l'eccesso di energia che resta imprigionata nel sistema nervoso neurovegetativo e non l'evento, che può essere esperienza gioiosa e ludica per uno e trauma per un altro individuo.

Al ripetersi del medesimo evento, già vissuto in modo traumatico, tende a ripetersi il medesimo funzionamento di quel sistema neurovegetativo con una grande quantità di energia prodotta che non riesce più a scaricarsi e in questo modo, di volta in volta, si rinforza il trauma.

Il sistema nervoso neurovegetativo

Il sistema nervoso neurovegetativo regola le funzioni fondamentali della così detta vita autonoma. Sono quelle funzioni che esistono indipendentemente dal pensiero e dalla volontà dell'essere umano, funzioni che persistono anche quando l'individuo è in coma, come ad esempio quella circolatoria e quelle viscerali.

Fanno parte del sistema neurovegetativo il parasimpatico, di cui parte importante è il vago, e il simpatico. Il sistema neurovegetativo vagale e il simpatico hanno funzioni antagoniste. Il sistema vagale fa risparmiare energia all'organismo, ad esempio riducendo la frequenza del battito cardiaco, abbassando la pressione arteriosa, anestetizzando, causando svenimento e, se spinto fino all'estremo, inducendo il coma. Il sistema simpatico attiva la risposta di lotta o di fuga, ad esempio accelerando il battito cardiaco, aumentando la pressione arteriosa, aumentando il glucosio circolante nel sangue, aumentando la circolazione sanguigna nei muscoli e parallelamente riducendola nel sistema digestivo. Ciò che permette alla vita umana il suo fluire è un continuo pendolamento tra i due sistemi con un'alternanza, secondo i momenti, del prevalere dell'uno o dell'altro.

Di fronte a un evento totalmente coinvolgente si avrà attivazione massima di uno dei due sistemi: il simpatico se c'è da fuggire o lottare, il vago se c'è da anestetizzarsi o da svenire per risparmiare energia e diminuire la sofferenza. A evento superato il sistema neurovegetativo che si è attivato ha da smaltire, se preferite dire da scaricare, la grande quantità di energia prodotta. Due sono le condizioni perché ciò avvenga in modo ottimale. La prima è arrivare a questo evento totalmente coinvolgente ben preparati, ovvero dopo la gestione di eventi simili che inizialmente piccoli siano andati via via crescendo in modo tale che nella progressione non si sia mai avuta una condizione di trauma. La seconda condizione è che vi sia stata una valida guida nell'attraversarli e nel viverli. Queste due condizioni aiutano ad apprendere come scaricare il neurovegetativo che si è attivato e si è così acquisita poco alla volta la capacità di smaltire la grande quantità di energia prodottasi in uno dei due sistemi neurovegetativi. In altre parole il sistema neurovegetativo in questione ha acquisito la capacità di autoregolarsi, ovvero di scaricare l'energia dell'attivazione massima avutasi per far fronte all'evento e poi di tornare a riposo.

Con esperienze progressive il sistema neurovegetativo acquista elasticità e capacità di autoregolazione: può attivarsi moltissimo per poi ritornare alla quiete del livello di partenza. La quantità di attivazione che un sistema neurovegetativo è in grado di gestire, rimanendo nella sua capacità di autoregolarsi, viene detta "resilienza", termine che originariamente valutava la capacità di una struttura metallica di assorbire urti senza danneggiarsi o quella di un tessuto elastico di riprendere la forma originale dopo una deformazione.

Se invece un evento attiva il vago o il simpatico al di là della sua capacità di autoregolazione, il sistema neurovegetativo in questione resta attivato, non riuscendo a smaltire la grande quantità di energia prodotta, e il pendolamento tra i due sistemi neurovegetativi non può avvenire normalmente. Tutto ciò è causa di trauma.

I tre "troppo"

L'evento che attiva il vago o il simpatico al di là della loro capacità di autoregolazione, ovvero al di là della loro resilienza, ha, secondo il Dr. Levine, la caratteristica per l'individuo di essere "troppo": troppo presto, troppo in fretta, troppo come quantità.

Troppo presto: l'evento è avvenuto troppo presto nella vita quando non si è ancora maturi per quell'esperienza. Ad esempio un rapporto sessuale avvenuto in un'età troppo precoce. Oppure l'evento è avvenuto troppo presto nel ritmo della vita quotidiana, quando l'organismo non è ancora fisiologicamente pronto. Ad esempio, è come se una persona mangiasse tutto il cenone di Natale alle 7 di mattina appena sveglia, anziché il solo caffè amaro a cui è abituata. Nel caso del troppo presto il sistema neurovegetativo non ha ancora raggiunto la resilienza sufficiente e, di conseguenza, non può autoregolarsi dopo l'evento in questione.

Troppo in fretta: è qualcosa che è avvenuto in modo incalzante, come se non ci fosse stato il tempo di prendere fiato. Torno all'esempio del cenone di Natale: ingurgitare tutto in 10 minuti. Anche in questo caso il sistema neurovegetativo non può autoregolarsi perché è andato al di là della propria resilienza.

Troppo come quantità: è un evento che con la sua mole stimola uno dei due sistemi neurovegetativi al di là della resilienza, ovvero il sistema neurovegetativo in questione è al di là della possibilità e della capacità acquisita con l'esperienza di autoregolarsi. Torno al solito esempio del cenone di Natale: è mangiare letteralmente per quattro senza essere abituati alle grandi abbuffate.

L'evento è traumatico perché è "troppo" e può essere "troppo" per la compresenza di tutti e tre i "troppo", oppure lo può essere per la compresenza di due "troppo" o anche solo per la presenza di uno.

Quando uno dei due sistemi neurovegetativi rimane attivato per la grande quantità di energia non smaltita, questo si trova a essere ad un livello più alto rispetto all'altro sistema rimasto a riposo. Fra i due sistemi che si trovano a essere reciprocamente così slivellati non è possibile un pendolamento, ovvero un continuo cambiare di prevalenza tra l'uno e l'altro secondo le situazioni che si presentano. Il fluire della vita invece avviene grazie al prevalere a turno o del sistema vagale o del sistema simpatico, secondo le necessità, come due ciclisti che si alternano nel fare da capofila.

Il trauma si struttura: dipendenze e stress

Se il sistema neurovegetativo non trova più la propria autoregolazione e quindi vago e simpatico restano tra loro slivellati, la vita, come detto, non può continuare perché i due sistemi devono essere allo stesso livello per potersi avvicendare nella prevalenza ora di uno, ora dell'altro. Tre sono le possibilità per portare i due sistemi neurovegetativi allo stesso livello e poter proseguire nella vita:

1) il sistema neurovegetativo in eccesso che non riesce più ad autoregolarsi viene in parte regolato tramite fattori a lui esterni da cui l'individuo, per sopravvivere in quelle situazioni, diventa dipendente. Questi fattori possono essere sostanze, come ad esempio farmaci ansiolitici o droghe, o possono essere comportamenti che diventano vere e proprie dipendenze; ad esempio lavorare per quattro, fare troppo sesso, stancarsi in modo eccessivo con attività fisica, o intrattenere relazioni per essere sempre pungolati.

2) l'altro sistema neurovegetativo, quello che era rimasto a riposo, si attiva producendo una grande quantità di energia paragonabile a quella del sistema neurovegetativo rimasto attivato, così i due sistemi neurovegetativi si troveranno nuovamente allo stesso livello, ma entrambi attivati anziché a riposo.

3) curare il trauma, che sicuramente è la scelta migliore. Con la terapia aiutare il sistema neurovegetativo rimasto attivato a scaricarsi, facendo sì che impari ad autoregolarsi. Si trasforma così l'evento traumatico in semplice evento che arricchisce l'esperienza.

Con tutte e tre le opzioni i due sistemi

neurovegetativi verranno a trovarsi nuovamente allo stesso livello rendendo possibile il pendolamento, ma è la terza opzione, ovvero curare il trauma, che permette il fluire della vita in modo ottimale, mentre la prima e la seconda opzione sono sfavorevoli al suo fluire.

Nel primo caso, per riportare a riposo il sistema neurovegetativo rimasto attivato, si è creata una dipendenza o da un comportamento o dall'assunzione di una sostanza. Nel secondo caso l'organismo si affatica per l'attivazione del sistema neurovegetativo che non è stato stimolato dall'evento e che, invece di rimanere a riposo, deve salire per compensare l'altro sistema neurovegetativo stimolato dall'evento e che non riesce più a tornare a riposo. In questo caso l'attivazione di entrambi i sistemi neurovegetativi fa sì che nessuno dei due sia a riposo, con grande dispendio energetico. Questa attivazione di entrambi i sistemi neurovegetativi viene chiamata "stress".

Lo stress, a seconda di quale dei due sistemi neurovegetativi è rimasto attivato a seguito dell'evento, ha due origini e due conseguenze completamente differenti:

1°) E' il caso di chi a seguito di un trauma ha avuto una grande attivazione non smaltita del vago, con anestesia o perdita dei sensi fin quasi a morire. Questo compensa con l'attivazione del simpatico che lo fa apparire, a prima vista, in ipertono simpatico: molto combattivo e aggressivo o molto spaventato e in fuga. *The NeuroAffective Relational Model*™, NARM, del Dr. Lawrence Heller, chiarisce che tale situazione è solitamente tipica di chi ha subito un trauma molto precoce, all'origine della propria vita. Infatti un feto o un neonato di fronte a un evento di grande intensità non può sul momento né fuggire né lottare, ma può solo subire e cercare di sopravvivere attivando il vago che progressivamente lo anestetizza e gli permette di risparmiare energia. In una fase successiva può avvenire l'attivazione compensatoria del sistema simpatico. Come abbiamo visto per l'anoressia adolescenziale femminile, connessa con la tipologia di carattere *contatto-esistenza,* il trauma è avvenuto nel periodo tra il concepimento e la nascita, mentre per l'anoressia indipendente da sesso ed età, connessa con la tipologia di carattere *cure-nutrimento,* il trauma è avvenuto nel primo periodo della vita. In ambedue i casi l'evento vissuto come traumatico ha portato a un'attivazione massimale del vago, che non si è poi scaricato, e a una successiva compensazione data dall'attivazione del simpatico.

2°) E' il caso di chi è rimasto con una forte attivazione del simpatico per un evento traumatico in cui vi era l'energia o per la lotta o per la fuga, ma non ha potuto esprimerle e compensa con un'attivazione del vago che lo fa apparire calmo al di là della norma. Nella saggezza popolare vi è l'espressione "falso calmo" per definire tale persona, perché al di sotto della calma vi è un ribollire di collera che può esplodere in modo apparentemente inaspettato.

Se si ripetono eventi simili a quelli che in passato sono stati vissuti come traumatici, il trauma tende a rinforzarsi, perché tende a ripetersi lo schema di funzionamento dei sistemi neurovegetativi e, di conseguenza, questo schema prende sempre più forza. Il risultato è che a lungo andare, come la famosa goccia che fa traboccare il vaso, anche eventi apparentemente di piccola portata possono mandare in risonanza il trauma originale: la tipologia di carattere si struttura in modo sempre più rigido e condizionante.

TERAPIA DEL TRAUMA

Curare il trauma, secondo Somatic Experiencing®, vuol dire smaltire l'attivazione eccessiva del sistema neurovegetativo vago o simpatico prodottasi a seguito dell'evento, così l'evento traumatico può essere trasformato in semplice evento che arricchisce l'esperienza senza più connotazioni traumatiche.

La terapia, condotta secondo la Somatic Experiencing® ed arricchita dalla NARM, *The NeuroAffective Relational Model*™, non è regressiva, non ritorna a fasi precedenti dello sviluppo psichico, non è fare un bagno nei propri traumi pregressi, cosa che potrebbe rinforzarli. Con questa terapia si è ben radicati nel tempo presente. Infatti la terapia si basa sul "sentire" il proprio respiro, le proprie sensazioni corporee del momento presente e attraverso questo sentire permettere al sistema neurovegetativo troppo carico di scaricarsi raggiungendo l'autoregolazione dei due sistemi neurovegetativi, il sistema vagale e quello simpatico. Da qui rimanendo nella propria autoregolazione, ovvero evitando di attivare troppo uno dei due sistemi neurovegetativi, nell'esperienza presente si integra poco alla volta ciò che di eventi passati era stato vissuto come traumatico.

L'obiettivo della terapia di tutti i traumi è sempre la medesima: insegnare al sistema neurovegetativo rimasto attivato a scaricarsi, ovvero ad autoregolarsi. Se questa è la regola generale, va però detto che ogni trauma, inserendosi nel vissuto individuale e irripetibile di ognuno, presenta peculiarità proprie che richiedono strategie adeguate.

Nel trauma il sistema neurovegetativo perde la fluidità di passaggio da un sistema neurovegetativo all'altro, perché uno di questi due, il vago o il simpatico, è rimasto talmente attivato per far fronte all'evento che non riesce più a scaricarsi. Aiutare il sistema neurovegetativo in questione a scaricarsi vuol dire aumentarne la resilienza, ovvero la sua capacità elastica di attivarsi e poi tornare a riposo, proprio come un elastico che si allunga per tornare poi come prima.

Utile, a tale riguardo, è ricercare una situazione che possa essere una "risorsa" per l'individuo, ovvero una situazione in cui più facilmente il sistema neurovegetativo attivato si scarichi, così che i due sistemi neurovegetativi tornino in equilibrio. Ogni persona ha le sue risorse: può essere un tramonto sul mare, l'abbraccio di mamma, il contatto con la natura, ecc.. Richiamare alla memoria la situazione risorsa può facilitare il sistema neurovegetativo rimasto attivato a ritornare a riposo, smaltendo la grande quantità di energia in eccesso.

L'evento traumatico per essere integrato nell'esperienza della persona come semplice evento che arricchisce l'esperienza ha bisogno di "tempo", in modo tale che il sistema neurovegetativo in questione abbia la possibilità di scaricarsi non dando più luogo a uno, oppure due, oppure tre dei "troppo" di cui abbiamo precedentemente parlato. Questo avviene attraverso il processo del "titolare" che, nel linguaggio dei farmacisti, significa far cadere goccia a goccia, lentamente e contando le gocce, il soluto nel solvente così che possa sciogliersi senza dar luogo a reazioni pericolose. Nella terapia del trauma, partendo da ciò che la persona ha già integrato, si integra, poco alla volta, titolandolo, ovvero facendolo cadere goccia a goccia, ciò che non è stato integrato e che quindi risulta traumatico. Per rendere più chiaro il procedimento della titolazione, propongo come metafora il fare la maionese: immaginiamo che l'olio sia l'esperienza traumatica da integrare, questo va lasciato cadere goccia a goccia solo dopo che la precedente goccia d'olio si è amalgamata, altrimenti la maionese impazzisce. Questo esempio chiarisce anche come la terapia del trauma non sia mai regressiva, non sia fare un bagno nel trauma passato che avrebbe il risultato di rinforzarlo, bensì sia integrare poco alla volta nell'esperienza già acquisita ciò che non era stato integrato e che di conseguenza risultava traumatico. Quando si fa la maionese è proprio sulla parte già integrata che si integrano poco alla volta le successive gocce di olio. Invece se viene aggiunto troppo olio tutto in una volta, come avvenuto nell'esperienza traumatica vissuta o come capiterebbe se si facesse un bagno regressivo in essa, si disintegra la maionese già integrata.

La titolazione va fatta restando presenti al proprio respiro e sentendo le sensazioni che arrivano dal proprio corpo senza stimolarle né reprimerle. Ben radicati nel sentire le sensazioni fisiche, presenti al respiro, si sentono, rimanendo semplici testimoni, anche emozioni e pensieri che si lasciano scorrere, senza provocarli né indurli né combatterli, tentazioni che potrebbero venire dalla nostra mente razionale.

Questo sentire è chiamato "felt sense", letteralmente potremmo dire "il senso sentito", o anche potremmo dire le "sensazioni sperimentate di tutto quello che vi sia da sentire". Con il "felt sense" si offre lo spazio e il tempo necessari a questo sentire senza rifiutarlo, senza modificarlo, senza indurlo, ma solo accogliendolo. Ciò permette di sentire come la sensazione stessa evolva, ovvero permette di lasciarla fluire, di non cristallizzare nel corpo l'energia che la sottende. Così facendo poco alla volta l'energia in eccesso, prodottasi a seguito dell'evento traumatico e rimasta intrappolata in uno dei due sistemi neurovegetativi, ha modo di scaricarsi. Parallelamente può scaricarsi anche l'energia compensatoria dell'altro sistema neurovegetativo attivatosi nello stress.

L'uomo, ancor più a seguito di un trauma, ha tendenza a sentire poco il proprio corpo distraendosi con falsi pensieri ed emozioni indotte. Infatti il cervello umano, rispetto a quello degli altri mammiferi, è più propenso alle funzioni razionali del pensiero. E' attraverso il corpo che l'eventuale eccesso di uno dei due sistemi neurovegetativi può scaricarsi trasformando l'evento traumatico in esperienza. Gli animali, rispetto all'uomo, sono molto più presenti alle proprie sensazioni e ciò spiega perché solitamente riescano ad integrare meglio eventi di grande intensità senza traumatizzarsi, o se traumatizzati riescano a prendersi cura di sé con maggior facilità, trasformando progressivamente l'evento traumatico in esperienza senza più connotazioni né traumatiche né autolesionistiche.

Il modo di procedere adottato da Levine per la terapia del trauma ricorda per certi aspetti la meditazione. Infatti il presupposto fondamentale della meditazione è di essere testimone a se stessi, analogo a quanto detto per la terapia del trauma.

La meditazione è la via regale dell'evoluzione

umana, sia fisica che emozionale e spirituale. Somatic Experiencing®, rispetto alla meditazione, si adatta più facilmente all'uomo occidentale sempre di corsa, stressato e alla ricerca di perché. Infatti gli fornisce spiegazioni neurologiche riscontrabili nella pratica, cosa di cui l'uomo occidentale ha bisogno, e gli dà la possibilità di avvalersi di un terapista che lo guida passo, passo. Il terapista aiuta la persona a rimanere ben radicata nelle proprie sensazioni fisiche dando ad esse lo spazio e il tempo necessari perché possano evolvere, permettendo così al sistema neurovegetativo di scaricarsi attraverso di esse. Senza la presenza del terapista vi è il rischio che la persona, invece di sentire le proprie sensazioni fisiche, cosa ancora più difficile per chi è traumatizzato, si distragga in pensieri che sono già la compensazione dell'evento traumatico; ad esempio pensieri di rivincita, che tendono a strutturare e a rinforzare l'attivazione del sistema e quindi l'evento traumatico stesso.

Il terapista si avvale fondamentalmente della "risonanza" che si stabilisce tra il proprio sistema neurovegetativo e quello del cliente. In tal modo può modulare la titolazione, perché grazie alla risonanza sente nel proprio sistema neurovegetativo se quello del cliente stia uscendo dalla resilienza. In tal caso lo riporta a sentire le sensazioni corporee, a radicarsi bene in esse, eventualmente a fare appello alla "risorsa" per facilitare l'autoregolazione del sistema neurovegetativo. Solo dopo tutto questo, il terapista porta il cliente a "titolare" più lentamente l'esperienza traumatica, ossia a farla cadere più lentamente goccia a goccia. Per tornare alla nostra metafora della maionese, quando ci si accorge che l'olio non si è ancora integrato si continua a girarla fino a che è ben amalgamata e solo dopo, poco alla volta, si aggiungono altre gocce d'olio. La risonanza del sistema neurovegetativo del cliente e di quello del terapista ha un secondo aspetto di grande importanza: titolare l'evento in modo tale che il terapista sia in grado di attraversarlo senza traumatizzarsi, ovvero con il sistema neurovegetativo in piena autoregolazione, e facilitare, per risonanza, il sistema neurovegetativo del cliente a fare altrettanto.

Condurre la terapia del trauma è cosa che, dietro un atteggiamento rilassato e fluido, richiede competenza e maestria, come quella del pittore che, a mano libera e con un solo tratto, disegna un cerchio.

Con la terapia del trauma il sistema neurovegetativo vagale e il sistema neurovegetativo simpatico della persona possono non solo tornare a riposo, ma possono anche apprendere poco alla volta la modalità di autoregolarsi.

Quando i due sistemi neurovegetativi sono autoregolati vi sono effetti benefici sulla fisiologia del corpo e del cervello. Questo è dovuto all'attivarsi del sistema extrapiramidale, insieme di vie e di centri nervosi che agiscono anche sulla corretta azione motoria controllando e modulando, in modo armonico, le reazioni istintive e i movimenti volontari. A questo riguardo Peter Levine si rifà alla teoria polivagale di Stephen Porges che prende in considerazione l'interazione dei vari sistemi neurologici e l'evoluzione del sistema nervoso dai rettili ai mammiferi. Riprenderemo questo discorso in seguito.

Una situazione di stress aumenta l'attività cerebrale dei due emisferi, in particolare della loro corteccia, e tende a sconnettere l'attività di un emisfero rispetto all'altro nonché a inibire il buon funzionamento del cervello istintivo (rettiliano) e di quello emozionale (limbico). La condizione in cui i due sistemi neurovegetativi siano in autoregolazione, permette un miglior coordinamento dell'attività dei due emisferi cerebrali e permette un miglior funzionamento di quelle parti profonde del cervello destinate alla vita istintiva e a quella emozionale. La vita così può svolgersi in modo fluido e appagante. Questo stato benefico si raggiunge non solo con la terapia del trauma, ma anche con una meditazione ben condotta. In questa condizione autoregolata è come se si potesse abitare tutto il cervello e tutto il corpo restando ben presenti alle sensazioni e non parassitando più la corteccia cerebrale con pensieri di rivincita, ma permettendo ad essa di funzionare per il bene dell'individuo e di tutto ciò che lo circonda.

Non usare più la corteccia cerebrale per interferire sulla parte profonda del cervello, costituita dal cervello rettiliano deputato agli istinti e dal cervello limbico deputato alle emozioni, vuol dire permettere a istinti ed emozioni di fluire al meglio e vuole anche dire mettere nelle condizioni di funzionare al meglio il sistema extrapiramidale i cui nuclei di origine sono nella base del cervello.

I sani movimenti extrapiramidali sono movimenti involontari e automatici che governano la buona coordinazione dei movimenti corporei. Inoltre tali movimenti rendono possibile la deglutizione, i movimenti di coordinazione nella deambulazione (ad esempio il pendolamento delle braccia), la mimica facciale, così importante nella comunicazione interpersonale, e accompagnano uno stato di rilassamento e di benessere che si manifesta ad esempio nello stiracchiarsi o nel sano sbadiglio o nel ridere di gusto. Come abbiamo detto, Peter Levine a questo riguardo si rifà alla teoria polivagale di Stephen Porges, utile nel gestire l'intervento terapeutico che si effettua sul soggetto traumatizzato, perché prende in considerazione non solo l'interazione dei vari sistemi neurologici, ma anche l'evoluzione del sistema nervoso dai rettili ai mammiferi, uomo compreso. Con i due sistemi neurovegetativi autoregolati si attiva quello che da Porges è chiamato il "vagale ventrale", caratterizzato da questi movimenti involontari di cui stavamo parlando, fra cui quelli di mimica e di rilassamento, e si attiva anche la corteccia frontale, fra cui i neuroni a specchio, che determina un soddisfacente interesse e coinvolgimento con il mondo esterno. Questo libro vuole essere una semplice presentazione della terapia del trauma in funzione di anoressia e disturbi alimentari, per cui nell'equilibrio espositivo degli argomenti non possiamo addentrarci nella teoria polivagale di Porges, che è di un interesse incredibile e per la quale si rimanda a testi specifici.

Permettere a questi movimenti di esprimersi aiuta i sistemi neurovegetativi ad autoregolarsi e a non trasformare semplici eventi in traumi. Inibire, anche per motivi sociali, l'espressione di questi movimenti, come quello del ridere o dello sbadigliare, può aumentare il livello di stress e di traumatizzazione.

Proprio sulla facilitazione dell'espressione dei movimenti inconsci del sistema extrapiramidale si basa il *Katzu-ghen-undo*, letteralmente "movimento liberatorio", di cui abbiamo già parlato, che è una delle pratiche del Seitai, arte giapponese che mira al benessere psichico, emozionale e fisico dell'uomo. Il movimento liberatorio extrapiramidale va lasciato fluire spontaneamente, senza indurlo, nella piena consapevolezza del proprio respiro e delle proprie sensazioni corporee: è un modo che l'organismo ha per scaricare l'eccesso di energia imprigionata nel sistema neurovegetativo, è quindi una possibile terapia del trauma.

NARM, *The NeuroAffective Relational Model*™,
UN MODELLO INTEGRATO
DI TERAPIA DEL TRAUMA

Il Dr. Laurence Heller in seguito a una lunga esperienza di terapista (è stato co-fondatore del Gestalt Institute di Denver nel 1972 e in seguito del Rocky Mountain Psychotherapy Institute) ha messo a punto un modello terapeutico altamente evoluto di integrazione tra la psicoterapia e la *Somatic Experiencing*®, modello chiamato *The NeuroAffective Relational Model*™, NARM, (per ulteriori informazioni vedasi il libro "Healing Developmental Trauma" di Laurence Heller, PhD, e Aline LaPierre, PsyD, North Atlantic Books).
Il modello NARM sviluppa la consapevolezza somatica (*somatic mindfulness*) per sostenere una crescente capacità di autoregolazione del sistema neurovegetativo ponendosi come obiettivo la ricomposizione dell'unità funzionale e dell'interconnessione tra il livello biologico e quello psicologico della persona. Focalizzandosi sul momento presente e sulle risorse del paziente, è possibile curare distorsioni dell'identità come carenza di autostima, senso di colpa, vergogna e auto giudizi negativi cronici. I processi che perturbano questa interconnessione tra i due livelli, i processi di

"sconnessione" che possono instaurarsi a qualsiasi stadio dell'esperienza personale, danneggiano la psicologia, la fisiologia e anche la capacità di relazione della persona. NARM è un modello all'interno del quale è possibile smantellare la credenza che identificazioni fissate e ristrette e auto giudizi siano la nostra identità.

Tanto nelle neuroscienze quanto nel pensiero psicologico il concetto di autoregolazione è diventato, negli anni recenti, d'importanza centrale. La nostra condizione naturale è quella in cui siamo capaci di autoregolazione, cioè siamo in grado di riposarci se siamo stanchi, di rilassarci se siamo stressati, e così via. Questa condizione è compromessa da traumi precoci e traumi relazionali che possiamo subire nel nostro sviluppo. In seguito a un trauma possiamo perdere la capacità naturale di autoregolazione delle emozioni e anche di funzioni fisiologiche quali ad esempio la respirazione, la frequenza cardiaca, la pressione sanguigna, la digestione e il sonno. Una perturbazione o una rottura precoce della nostra capacità di autoregolazione o una perdita della nostra "connessione", che possono instaurarsi nel primo periodo della vita nella relazione con la madre o con altre figure di accudimento, sono sempre traumatiche. Ma il nostro desiderio più grande è quello di sentirci vivi: il nocciolo del modello NARM è quello di riconoscere il nostro originario e costante "slancio vitale".

Tutti noi abbiamo un movimento spontaneo verso la connessione, la salute, la vitalità, così come le piante spontaneamente crescono verso la luce. Questo impulso del nostro organismo verso la vita è il vero e proprio carburante dell'approccio del NARM. In seguito alla disconnessione da questo nucleo originario abbiamo sviluppato precoci strategie di sopravvivenza che con il tempo e la reiterazione sono diventate inadatte ai nuovi periodi del nostro sviluppo e della nostra vita. Erano modi di salvaguardare la nostra sopravvivenza, pur nella perturbata connessione con il nostro desiderio più grande, quello di vivere. Ma ora sono diventate forme cristallizzate inadatte al momento presente. Il problema è la loro persistenza nel corso della vita, non il fatto che siano venute a formarsi all'origine del nostro sviluppo. A quel tempo erano strategie di sopravvivenza, messe a punto per permetterci di far fronte a difficoltà ambientali e relazionali. Ora quelle strategie di sopravvivenza sono diventate "stili di sopravvivenza" ripetitivi, ovvero tipizzazioni rigide del carattere: il nostro presente non è il nostro passato, ma il nostro modo di vivere è rimasto quello formatosi un tempo e non risponde più alla condizione in cui siamo ora. Le vecchie strategie non ci permettono né plasticità né libertà, bloccano la nostra creatività. Ci fanno sentire inadatti alle situazioni in cui ci troviamo e rinforzano il nostro senso di inadeguatezza e i giudizi negativi che abbiamo su noi stessi. Tuttavia esse sono state la nostra risorsa per sopravvivere allora ed è questo il punto che dobbiamo riconoscere per riuscire a vederle con occhio compassionevole e grato, invece che negativo e auto colpevolizzante. Giudicare negativamente il nostro stile di sopravvivenza, ovvero la nostra tipizzazione di carattere, che oggi ci fa stare male, conduce a rinforzarlo, a renderlo assoluto e a chiuderci sempre più strettamente in esso. Mentre al contrario, paradossalmente, vedere lo stile di sopravvivenza per ciò che è stato, cioè una modalità creativa per permettere al nostro originario slancio vitale di esprimersi, una nostra risorsa preziosa, ci permette di raggiungere gradi sempre maggiori di libertà nei suoi confronti.

Il Dr. Heller sostituisce all'espressione "tipologia di carattere" quella di "stile di sopravvivenza", che meglio rende l'idea di come sia stata la miglior possibilità di sopravvivenza al momento, ma inadeguata e limitante nel tempo attuale.

All'interno del modello e del quadro concettuale NARM, la terapia consiste nella ricostituzione della connessione con il nostro slancio vitale originario attraverso una progressiva reintegrazione dei nostri livelli somatici e psicologici e una crescente capacità di autoregolazione del sistema neurovegetativo.

Nel modello NARM si descrive il funzionamento del nostro sistema neurovegetativo come un flusso costante d'informazioni che vanno "dal basso verso l'alto" (*bottom-up*) e "dall'alto verso il basso" (*top-down*). La direzione "dal basso verso l'alto" è quella in cui la regolazione del sistema neurovegetativo influenza il livello emozionale e quello cognitivo. La direzione "dall'alto verso il basso" è quella che dalle strutture cognitive del cervello va a toccare il sistema emozionale e quello istintuale del corpo. "Dal basso verso l'alto" è la nostra capacità di regolazione del sistema neurovegetativo che influenza le nostre emozioni e i nostri pensieri. "Dall'alto verso il basso" i nostri pensieri, credenze, giudizi e identificazioni influenzano la nostra capacità di regolazione del sistema neurovegetativo. Il flusso è continuo nelle due direzioni, un movimento ciclico, cioè un *loop*. In chi ha vissuto un trauma precoce questo flusso d'informazioni è perturbato e diventa un *loop* ciclico doloroso, angosciante, un continuo travaglio che cresce e si autorinforza. Quando un bambino in seguito a un trauma sente malessere e percepisce che qualcosa "non va", penserà di essere lui che "non va", di essere un bambino cattivo. Il bambino non è in grado di percepirsi come una persona buona in un contesto cattivo, quindi si percepisce come una persona cattiva in un contesto buono. Con il passare del tempo la cronica persistenza del malessere causato dal trauma rinforza un tale pensiero, una tale credenza e il giudizio che la persona dà di sé, costruendo sensi di colpa e di vergogna. Una tale identificazione influenzerà il sistema neurovegetativo e la sua capacità di autoregolazione. La mancata autoregolazione confermerà ("dal basso verso l'alto") i giudizi, i pensieri e le identificazioni della persona, rafforzandoli, così che ("dall'alto verso il basso") questi andranno a diminuire ulteriormente la capacità di autoregolazione del sistema neurovegetativo. Un *loop* doloroso e patologico, che si autorinforza, si è così innescato.

La terapia, rispetto alla direzione "dal basso verso l'alto" del flusso, si concentra sul corpo, sul sentire sentito (*felt-sense*), sui dati istintivi e su come vengono mediati dal cervello rettiliano, su come influenzano il cervello limbico e la corteccia.

Si usano le tecniche della *Somatic Experiencing*®: radicamento (*grounding*), orientamento, titolazione, pendolazione e capacità di scaricare il sistema neurovegetativo in modo da ricondurci al qui e ora, al tempo presente che è l'unica dimensione del nostro corpo. La terapia, rispetto alla direzione "dall'alto verso il basso" del flusso, si concentra sulle funzioni cognitive corticali e mira a una sempre crescente autoconsapevolezza della persona riguardo alle proprie identificazioni, ai propri giudizi, alle proprie credenze.

L'obiettivo è l'aumento progressivo della consapevolezza delle antiche strategie di sopravvivenza e di come operano oggi nella nostra vita, nella prospettiva terapeutica che il passato non determina il presente e nemmeno è più importante di esso. Guardare al nostro stile di sopravvivenza, ovvero alla nostra tipizzazione di carattere, come a una risorsa che ci ha permesso di mantenere attivo il nostro "slancio vitale" ci permette di relativizzarlo e di guardare al di là di esso. A poco a poco il *loop* diventa un ciclo salutare, virtuoso e buono, e non più patologico, vizioso e doloroso come era diventato nel tempo. Nel modello NARM viene così integrata, nell'antica tradizione meditativa dell'autocoscienza consapevole, la pratica della consapevolezza somatica messa a punto dalla *Somatic Experiencing®* con tutta la conoscenza che abbiamo oggi accumulato sulle funzioni di autoregolazione del sistema neurovegetativo.

Nella cornice del NARM, il Dr. Heller ha tratteggiato una raffinata e incisiva descrizione dei tipi di distorsioni, cui va incontro il nostro slancio vitale in presenza di traumi precoci, e di come, in seguito ad essi, in noi vengano a strutturarsi specifiche pseudoidentificazioni. Sulla base di queste pseudoidentificazioni si formano stili di sopravvivenza, vale a dire costruzioni che riducono la nostra libertà e la nostra creatività.

NARM è una mappa dettagliata e particolareggiata delle distorsioni e degli impedimenti che il nostro "slancio vitale", la "forza della vita" che è in noi, ha patito e ha incontrato durante la nostra evoluzione. Tutto ciò ci fornisce una visione precisa di quali dei nostri nuclei centrali siano compromessi in seguito all'innescarsi dei *loop* patologici. E' anche un modo operativo per riconnetterci alla radice del nostro "slancio vitale", che è qui e ora, nel tempo presente, unica dimensione abitata dal nostro corpo.

USCIRE DALL'*IMPASSE* DEL CARATTERE

Il carattere da un lato sembra presentare aspetti e attitudini innate, basti pensare a personaggi come Giuseppe Verdi o come Giotto in cui le attitudini artistiche sembrano essere precedenti a esperienze di vita. Dall'altro lato il carattere si plasma attraverso le esperienze della vita che possono essere vissute in modo traumatico, determinando così aspetti del carattere che risultano troppo vincolanti per un sereno fluire della vita.

Una persona sana ed equilibrata percepisce la realtà per quello che è e può scegliere fra infiniti modi di interagire con essa.

Infatti, per il buddismo chi è "illuminato" o per il cristianesimo chi è in "grazia di Dio", non è perturbato né da una percezione deformata della realtà né da pregiudizi, ambedue dati da esacerbazioni del carattere: l'esperienza lo ha arricchito senza alterarlo, senza inciderlo, ovvero non è stata per lui traumatica. Egli percepisce la realtà per ciò che è ed è nel pieno possesso della sua libertà creativa di scegliere.

Quando il carattere è particolarmente tipizzato porta a un modo di funzionare ripetitivo e automatico con le medesime reazioni, come se qualcosa si fosse impresso dentro, come su una pietra che una volta incisa produce sempre la stessa stampa. In questo caso il carattere è un qualcosa che condiziona l'uomo a reagire sempre nello stesso modo togliendogli la libertà creativa. E' come se la realtà fosse percepita filtrata da occhiali con lenti colorate e deformanti: la percezione deformata della realtà fa vivere come se si fosse sempre dentro la stessa problematica, porta ad avere reazioni sempre simili che dipendono dalla percezione deformata. Per cambiare il modo di reagire dell'individuo bisogna liberarlo dalle percezioni deformate della realtà e permettergli di vedere il mondo per quello che è.

Lo scopo della terapia NARM, *The NeuroAffective Relational Model™*, è quello di permettere alla persona di uscire poco alla volta dai condizionamenti creati da una strutturazione troppo vincolante del carattere. Torniamo all'esempio del paio di occhiali attraverso cui viene percepita la realtà in modo distorto: ai fini terapeutici non è di grande utilità definire quali siano questi occhiali, ma come fare a toglierseli e questo può avvenire attraverso la terapia del trauma.

La terapia NARM mira a migliorare gli aspetti del carattere e presenta una particolare utilità, perché può rompere un circolo vizioso: gli aspetti del carattere sono causati dal trauma e proprio questi aspetti sovente sono causa essi stessi del ripetersi del trauma. Ad esempio le dipendenze sono spesso conseguenza di un trauma e contemporaneamente hanno conseguenze traumatiche, ma curare solo la singola dipendenza può essere un lavoro lungo e ripetitivo. Risoltane una se ne ripresenta frequentemente un'altra, sempre dovuta al medesimo trauma che, non essendo stato curato alla radice, è la causa della dipendenza. Curare solo la conseguenza ultima, come il singolo disturbo alimentare che dipende da aspetti esasperati del carattere, senza curare il carattere e il trauma che lo sottende, può essere un lavoro dall'effetto parziale. In una situazione di urgenza va risolto il problema emergente, pensando però di cercare di risolvere poco alla volta la causa che c'è a monte.

CARATTERE E DIETA

Migliorare le manifestazioni del carattere attraverso la terapia, aiuta poco alla volta a ripristinare il giusto sistema percettivo che, non essendo più deformato, permette di agire in modo libero e non condizionato, anche in campo nutrizionale e, di conseguenza, può aiutare a risolvere dipendenze alimentari e anoressie.

La dieta, ovvero la nutrizione e lo stile di vita di una persona, risente non soltanto di fattori dipendenti dal carattere, ma può presentare errori dovuti alle cause più disparate, fra cui molto semplicemente anche l'ignoranza. Tali errori dietetici, se non corretti, tendono a perpetuarsi.

Una dieta per quella persona sbagliata, come nutrizione e come stile di vita, è fonte essa stessa di trauma per l'organismo e può anche esasperare determinati aspetti delle tipologie di carattere implicate nei disturbi alimentari e nell'anoressia che, di conseguenza, possono peggiorare. D'altro lato comportamenti conseguenti ad aspetti del carattere possono essere essi stessi causa di errori dietetici, come già detto. Il trauma si trova così ad essere l'elemento alla base della strutturazione del carattere che può portare a disturbi alimentari e ad anoressia e si trova ad essere anche tra le conseguenze fisiche, emozionali e psichiche di una dieta sbagliata che può incancrenire ulteriormente i disturbi alimentari. La dieta sbagliata e comportamenti alimentari conseguenti ad aspetti esasperati delle tipologie di carattere si intrattengono e si amplificano a vicenda generando i disturbi alimentari nelle forme più gravi, fino all'anoressia sia quella adolescenziale femminile, sia quella indipendente da sesso ed età.

AD OGNUNO LA SUA DNE®,
LA DIETA DELLA NICCHIA ECOLOGICA

Una dieta sana, equilibrata e giustamente personalizzata, ovvero che in campo nutrizionale rispetti eventuali intolleranze o allergie e riduca i rischi di dipendenze alimentari, è importante per fornire energia, ricreare le cellule del nostro corpo e per una buona vita emozionale e psichica.

Questa dieta è nel rispetto dell'identità del singolo individuo e della nicchia ecologica della specie umana in toto. Infatti l'uomo deve rispettare, come ogni specie animale, la propria nicchia ecologica.

Questa dieta è la DNE®, Dieta della Nicchia Ecologica, che è di utilità per tutti, non solo per coloro che presentano disturbi alimentari e anoressia.

Ogni specie animale ha un suo modo specifico di nutrirsi, di comportarsi, di relazionarsi all'interno della propria specie e con l'ambiente, insomma di vivere. L'insieme di tutti questi fattori che caratterizza la singola specie animale è chiamata "nicchia ecologica".

E' vitale per ogni animale rispettare la propria nicchia ecologica, forzarla è sempre un rischio: può dare vantaggi immediati, ma a lungo termine è penalizzante.

Esempio a noi vicino è quanto è capitato nell'allevamento delle mucche: nutrirle con proteine animali, anziché con erba, fa sì che crescano più in fretta, producano più latte, ma molto facilmente siano vittime del morbo detto della "mucca pazza".

I livelli tecnologici e scientifici a cui l'uomo è arrivato forse gli hanno fatto dimenticare di appartenere pur sempre al regno animale e di avere, come ogni specie animale, una nicchia ecologica per lui ottimale. La nicchia ecologica sottende una dieta della nicchia ecologica, DNE®, dando alla parola dieta il significato che aveva nel greco antico comprendente non solo l'alimentazione, ma anche il modo di vivere. Infatti la parola dieta deriva dal greco antico *diaita* e letteralmente significa *modo di vivere* nel senso più ampio del termine. Essa non riguarda solo la nutrizione, non ha un senso restrittivo, non sottende l'idea di focalizzare l'attenzione sui divieti che aprono la porta a fobie e ossessioni, la dieta sottende l'idea della scelta al positivo, quella che è ottimale per la vita dell'individuo nella sua totalità, non solo fisica ma anche emozionale e psichica.

La DNE®, Dieta della Nicchia Ecologica[1], è uno stile alimentare e di vita che, nel rispetto del programma al quale l'uomo si è adattato nell'arco di centinaia di generazioni, permette all'organismo di ognuno di funzionare al meglio rispettando anche la propria individualità, come un abito su misura.

STILE DI VITA E DNE

Lo stile che caratterizza una persona è "il modo abituale di essere, di esprimersi, di comportarsi" (Dizionario della lingua italiana – De Mauro, Ed. Paravia). Lo stile di vita del singolo individuo deve essere frutto di scelte tali da creare condizioni ottimali per un sano equilibrio fisico, emozionale e psichico. Molteplici aspetti rientrano nello stile di vita e devono essere volti a permettere al corpo di esprimere al meglio le sue potenzialità, a gestire le emozioni in

[1] Per chi vuole saperne di più sulla DNE consultare il mio libro "DNE®, La Dieta della Nicchia Ecologica", Ed. Tecniche Nuove, 2009.

modo tale che siano fattore di evoluzione e a favorire pensieri creativi per la vita.

Possono essere scelte varie pratiche come aiuto per migliorare l'equilibrio tra corpo, emozioni e mente. Solo per citarne alcune: tecniche di gestione dello stress, yoga, tai chi chuan, qi gong, meditazione e la terapia del trauma.

Un sano equilibrio è dato anche da uno stile di vita in cui vi sia movimento fisico. Questo va fatto per almeno 40 minuti al giorno, di buon ritmo, con un'intensità adeguata all'organismo senza mandarlo in stress. Tale movimento fisico deve essere effettuato in condizioni aerobiche, ovvero respirando in modo che l'introduzione di ossigeno sia superiore alla quantità di ossigeno che viene bruciata per effettuare il movimento medesimo. Molte sono le possibilità per un sano movimento fisico: sport, ginnastica, tai chi chuan, solo per fare alcuni esempi, ma una scelta semplice può essere anche camminare di buon passo, come quando si è in ritardo per un appuntamento, cosa che si può fare anche andando al lavoro. Il movimento fisico mantiene una corretta funzione cardiocircolatoria, un buon metabolismo dei muscoli, delle ossa, dei grassi circolanti nel sangue e facilita il fluire positivo di istinti e di emozioni. Inoltre il movimento fisico, abbinato a condizioni aerobiche, favorisce il mantenimento dell'elasticità dei tessuti e della pelle, prevenendo l'invecchiamento. E' risaputo che un metabolismo povero di ossigeno, per condizioni di vita malsane e/o tabagismo, accelera l'invecchiamento.

Nello stile di vita rientra anche una semplice regola: esporsi all'aria aperta e alla luce naturale per almeno un'ora al giorno. Questo favorisce anche il bioritmo, ovvero la variazione periodica dei fenomeni biologici e comportamentali dell'organismo che vanno dalla produzione ormonale all'alternanza tra il sonno e la veglia. "Un'ora d'aria al giorno" è riconosciuto come diritto anche ai carcerati. Incredibilmente nell'attuale civiltà vi è chi, lavorando in ufficio e andandovi in metrò, soprattutto d'inverno può privarsi di tale diritto.

Il sano movimento fisico aerobico e l'esposizione alla luce naturale permettono un equilibrio che facilita la percezione dell'appagamento, ad esempio quando le vacanze sono all'insegna del movimento al sole e all'aria aperta è più facile sentirsi appagati, vitali e soddisfatti. I meccanismi biologici che sottendono l'equilibrio alla base della percezione di appagamento sono complessi. Uno di questi vede come protagonista la serotonina, sostanza che funge da trasmettitore tra le cellule nervose, connessa con la soddisfazione, l'appagamento e che potremmo definire antidepressiva. La possibilità per l'organismo di poter contare su una corretta quantità di serotonina è migliorata dal movimento fisico aerobico e dall'esposizione alla luce naturale. Questi due elementi che fanno parte di un sano stile di vita, rientrando anche nell'equilibrio della serotonina, risultano essere componenti imprescindibili di una strategia complessa che si pone l'obiettivo di prevenire o curare i disturbi alimentari, l'anoressia adolescenziale femminile e l'anoressia indipendente da sesso ed età.

ALIMENTAZIONE E DNE

L'alimentazione e lo stile di vita nella DNE sono

interdipendenti. Non vi può essere una corretta alimentazione senza un corretto stile di vita e non vi può essere un corretto stile di vita senza una corretta alimentazione: una nutrizione idonea dà i giusti apporti perché la vita fluisca al meglio e uno stile di vita adeguato stimola in modo opportuno corpo, emozioni e mente facilitando anche una corretta nutrizione.

Nutrirsi secondo la DNE è una scelta al positivo, non è basata su privazioni o divieti, bensì è basata sullo scegliere cibi che siano doppiamente buoni: buoni per la salute e buoni per il palato.

La nutrizione nella DNE segue regole semplici, perché il modo di funzionare di un organismo che vive "secondo natura", ovvero all'interno della propria DNE tende solitamente a essere autoregolato sia da un sano istinto che lo porta a scegliere un cibo piuttosto che un altro, sia dalla fame e dalla sazietà che gli permettono di nutrirsi con la giusta quantità di cibo, commisurata con i propri bisogni: né scarsa né eccessiva. Ad esempio una mucca allevata secondo natura, ovvero nel rispetto della sua nicchia ecologica, sa scegliere erba da erba evitando accuratamente la cicuta, mangia, regolata da fame e sazietà, la giusta quantità e anche in un bel prato conserva il peso forma: né grassa né magra. La stessa situazione di equilibrio nutrizionale si ha per l'uomo che segua la DNE.

Oggi sulla nostra tavola possono esservi i cibi più disparati, ma quelli buoni per il palato e buoni anche per la salute sono in numero limitato e vanno scelti con cura.

Infatti la maggior parte degli alimenti del commercio a nostra disposizione sono precotti, raffinati (farine raffinate, zuccheri raffinati), contengono prodotti chimici (pesticidi, diserbanti e conservanti), sale in eccesso, grassi di cattiva qualità (soprattutto saturi, idrogenati, deidrogenati, trans), ecc..

Questi cibi, che sono al di fuori della nicchia ecologica umana, sono di danno all'organismo, soprattutto se consumati frequentemente, perché perpetuare questo errore alimentare lo trasforma in una dipendenza alimentare.

Le dipendenze alimentari sono vere e proprie dipendenze che per essere risolte richiedono consapevolezza, motivazione e volontà da parte dell'individuo che ne voglia uscire.

Oggi una dipendenza alimentare molto diffusa è quella da cibi che interferiscono con la glicemia, cioè il glucosio del sangue, aumentandola fuori norma.

GLUCOSIO: RISCHIO DIPENDENZA

L'organismo umano per nutrire ogni sua singola cellula usa uno zucchero: il glucosio. Questo viene trasportato dal sangue e poi, ove serva energia, "bruciato" assieme all'ossigeno, trasportato dai globuli rossi.

Il glucosio è assolutamente indispensabile all'organismo umano, senza di esso ad esempio le cellule cerebrali muoiono. Il tasso di glucosio nel sangue, detto glicemia, per il benessere dell'organismo non deve essere né troppo basso, né troppo alto. Il glucosio è uno zucchero e gli zuccheri sono contenuti nei carboidrati e la loro assunzione fa aumentare la glicemia tanto più se i cibi che li contengono sono raffinati.

Quello che normalmente chiamiamo zucchero è il saccarosio, costituito da due zuccheri: il glucosio e il fruttosio. Ne consegue che questo zucchero è un grande apportatore di glucosio. Non vi era praticamente la presenza dello zucchero saccarosio allo stato puro nella nutrizione dell'uomo primitivo. In natura soltanto il miele contiene zucchero glucosio e zucchero fruttosio allo stato puro, paragonabili a quelli ottenuti oggi con i processi di raffinazione, ma il consumo di miele era minimo. Gli storici hanno calcolato che, ad esempio, nell'epoca romana il consumo di miele era di circa 1/2 kg. pro capite all'anno: una quantità minima al giorno, pari a una punta di coltello.

Nell'evo antico si cominciò a ottenere lo zucchero saccarosio dalla canna da zucchero, pianta originaria dell'oriente che necessita di un clima tropicale-monsonico, per cui il suo uso era limitato alle sole zone asiatiche che avevano tale clima. In Europa lo zucchero di canna arrivò solo nel Medioevo attraverso la via della seta e, come le spezie, aveva un prezzo esorbitante, paragonabile oggi a qualche migliaio di dollari al kg.. Con la scoperta delle Americhe si cominciarono grandi coltivazioni di canna da zucchero nei Caraibi e grazie ai bassi costi delle comunicazioni via mare con le Americhe, lo zucchero di canna cominciò a diffondersi in Europa a prezzi modici. Napoleone, non ricevendo più lo zucchero di canna dalle Americhe per il blocco navale inglese, iniziò a ricavare lo zucchero dalla barbabietola, la cui estrazione necessita anche di un procedimento chimico. Con l'inizio del 1800 sorsero i primi zuccherifici industriali e lo zucchero divenne sempre più diffuso: non più prodotto per soli farmacisti e speziali. In epoca recente lo zucchero viene anche ricavato per via enzimatica dai cereali, in particolare dal mais. Il risultato è che l'uso dello zucchero è cresciuto in modo esponenziale in tutto il mondo e oggi il suo consumo è a livelli tossici per la salute.

In moltissimi prodotti del normale commercio, lo zucchero non solo è usato come ingrediente, ma è anche aggiunto come dolcificante e come conservante: basta leggere le etichette sulle confezioni. Si va dallo zucchero solitamente aggiunto nella tazzina di caffè a quello di bibite, marmellate, cioccolato, dolci, ecc., per arrivare a quello aggiunto nell'impasto di pane e pizza per migliorarne la lievitazione. Il sapore dolce è dato in gran misura dallo zucchero fruttosio, meno dallo zucchero comune (il saccarosio, composto da fruttosio e glucosio) e ancora meno dal glucosio. Ne consegue che il glucosio, avendo poco sapore dolce, viene usato come agente conservante in un numero incredibile di cibi non necessariamente dolci, dalle merendine alla salsa di pomodoro.

Il risultato è che tutto questo glucosio presente oggi nell'alimentazione, dovuto all'aggiunta di zucchero o, peggio ancora, di glucosio puro, fa aumentare la quantità di glucosio presente nel sangue. Vi è il rischio, se non si fa attenzione a cosa si mangia, di ingerire una quantità eccessiva di glucosio a causa degli zuccheri aggiunti, col risultato di interferire notevolmente con la glicemia, ovvero col glucosio del nostro sangue, facendola salire a dismisura.

Anche relativamente alle farine dei cereali la nutrizione umana ha avuto grandi cambiamenti in epoca recente. L'avvento degli acciai speciali, che cominciarono ad essere prodotti in grande quantità dall'industria alla fine del 1800, permise una rivoluzione nel procedimento di riduzione in farina dei cereali.

Con le macine a pietra si ottengono farine macinate grossolanamente, mentre con le macine a cilindri d'acciaio oggi usate è possibile produrre farine macinate molto finemente, praticamente polverizzate, che poi vengono sottoposte a un processo di raffinazione impensabile nei tempi passati. Il risultato è che oggi sono di uso corrente non farine integrali complete, cioè con i loro componenti di crusca e germe, come nei tempi passati, ma farine raffinate. Infatti raffinare i cereali facendoli diventare farine bianche vuol dire togliere la crusca e il germe, ovvero togliere fibre, sali minerali, vitamine, oligoelementi, nonché proteine e oli del germe, lasciando invece invariata la quantità di amidi, che sono zuccheri disposti in catena. Durante il processo digestivo e di assimilazione gli amidi presenti, essendo più concentrati per la mancanza di crusca e germe, sono assorbiti più facilmente e più velocemente col risultato di causare un innalzamento maggiore e più rapido della glicemia.

Non solo sono cambiate le farine, ma è cambiata anche la cottura dei prodotti da forno. Dai forni a legna si è passati a forni moderni con cotture a temperature più alte che rendono gli amidi dei cereali più facilmente digeribili, ma anche più velocemente assimilabili il che comporta un innalzamento più veloce della glicemia.

L'introduzione della patata è di epoca recente nell'alimentazione umana. Fra le varie patate che erano in uso nelle Americhe, fu scelta e importata in Europa, soprattutto per l'ingrasso dei maiali, la patata che comunemente noi conosciamo. Poi con la terribile carestia che fu una delle cause che portarono alla rivoluzione francese, la patata cominciò ad essere usata nella nutrizione umana per poi comparire anche sui deschi reali con le ricette di Parmentier. Fu così che in tutto il mondo si conobbero quelle che vengono universalmente chiamate "french potatoes". Questa patata contiene una grande quantità di amidi che, oltre al resto, sono assimilati nell'intestino tanto più facilmente quanto più la patata è cotta ad alta temperatura, si va dai 100° dell'acqua per la patata lessa, ai circa 180° dell'olio per quella fritta, ai circa 400° dei forni per le chips. Una maggiore velocità di assorbimento vuol dire interferire maggiormente con il glucosio contenuto nel nostro sangue.

In sintesi, tutti i prodotti in cui vi siano patate, farine raffinate e zuccheri aggiunti, se ingeriti interferiscono in modo diretto con la glicemia, ovvero con il glucosio presente nel nostro sangue. La glicemia può salire troppo come quantità, troppo in fretta e in molti casi per un periodo troppo breve. Può sembrare incredibile che una glicemia troppo alta possa causare poco dopo un repentino crollo della glicemia stessa, fino a quella che viene chiamata "crisi ipoglicemica". Infatti in persone predisposte, che sono la maggioranza della popolazione, una glicemia troppo alta tende a stimolare una produzione eccessiva di insulina, ormone regolatore del metabolismo del glucosio, che se eccessiva fa crollare la glicemia nella crisi ipoglicemica provocando fame, una fame che non si appaga se non con cibi contenenti zuccheri: si è caduti nella dipendenza da cibi che causano una glicemia eccessiva.

DIPENDENZA ALIMENTARE E ANORESSIA

La dipendenza è un po' come il cane che si morde la coda, perché questi cibi iperglicemizzanti sono causa del successivo crollo della glicemia che porta a ricercare nuovamente cibi iperglicemizzanti col successivo crollo della glicemia. Si entra così in un circolo senza fine nella ricerca di questi cibi.

Questa glicemia che va su e giù come uno yo-yo, da alcuni chiamata "a denti di sega", crea una condizione di disagio sia dal punto di vista fisico che emozionale e psichico ed è terreno in cui possono più facilmente instaurarsi anche altre dipendenze.

Il senso di disagio di una glicemia instabile il più delle volte viene combattuto dall'individuo proprio aumentando la dipendenza da cibi iperglicemizzanti che vengono assunti sempre più come quantità e frequenza nel tentativo di stabilizzare la glicemia, con conseguenze di soprappeso e di obesità.

Altre volte di fronte a una glicemia instabile vi può essere un comportamento apparentemente paradossale: astenersi dal cibo. Infatti il senso di disagio diminuisce quando, stando a digiuno, la glicemia è bassa, ma pur tuttavia stabile e non così bassa come nella crisi ipoglicemica. Questo comportamento può essere di chi già depresso e disamorato della vita, non riuscendo a gestire il disagio provocato da una glicemia instabile "a denti di sega" e non avendo capito che essa dipende da cibi iperglicemizzanti, sceglie l'astensione dal cibo per trovare una glicemia stabile anche se bassa, ma non così bassa come nella crisi ipoglicemica. Quanto appena detto spiega perché errori alimentari, per la presenza di cibi troppo glicemizzanti, in alcuni casi possano peggiorare stati anoressici o slatentizzare anoressie latenti.

Una corretta nutrizione, riguardo ai cibi contenenti carboidrati che possono interferire con la glicemia, è un tassello fondamentale nella prevenzione e nella terapia sia dei disturbi alimentari, sia dell'anoressia adolescenziale femminile che di quella indipendente da sesso ed età.

La presenza oggi sul mercato di prodotti che causano una glicemia eccessiva non va demonizzata, ma va vista come un rischio con aspetti positivi e negativi. Infatti avere a disposizione glucosio puro permette di far sopravvivere chi altrimenti non potrebbe, ad esempio coloro che si trovano in condizioni limite, come quando in medicina si ricorre alla famosa flebo glucosata: questo è l'aspetto positivo del rischio. Anche i cibi raffinati permettono di sopravvivere a chi si trovi ad avere particolari patologie digestive, altro aspetto positivo del rischio. Per contro un uso immotivato e ripetuto di tali prodotti causa dipendenza e rischi per la salute: questo è l'aspetto negativo del rischio.

I prodotti che causano una glicemia eccessiva sono al di fuori della nicchia ecologica dell'uomo, in quanto storicamente non sono mai esistiti nella sua alimentazione, e sono concessi per un uso veramente saltuario, consapevoli dei rischi che si corrono se l'uso si prolunga nel tempo. I latini dicevano "semel in anno licet insanire" ovvero "una volta all'anno si ha la licenza, il diritto di fare il matto". Questi cibi, che sono al di fuori della DNE umana, si possono consumare una volta ogni tanto, non più di una volta al mese, altrimenti si rischia la dipendenza.

I cibi iperglicemizzanti non solo possono causare

dipendenza ma, modificando il funzionamento dell'organismo che in questo caso consiste in una maggiore produzione di insulina, sono, assieme allo stile di vita, origine e causa di patologie sempre di maggior peso per l'uomo contemporaneo. Esse sono le dislipidemie, ovvero l'aumento del colesterolo e/o dei trigliceridi nel sangue, l'ipertensione, molte patologie cardiovascolari, il sovrappeso, l'obesità e il diabete tipo II, detto anche dell'età adulta. Infatti il funzionamento dell'organismo umano si è rodato in migliaia di anni sulla propria nicchia ecologica e introdurre, nell'arco di pochissime generazioni, cibi al di fuori della nicchia ecologica può voler dire modificare il funzionamento dell'organismo al di là del suo programma e della sua capacità di autoregolazione.

Questi alimenti, che causano una glicemia eccessiva e che non sono mai esistiti nella nicchia ecologica dell'uomo, non fanno parte della DNE e vanno quindi eliminati dall'alimentazione quotidiana.

UN BASSO INDICE GLICEMICO CON LA DNE

L'Indice Glicemico (IG) è una scala che ci permette di sapere di quanto si alzi la glicemia mangiando pari calorie di alimenti diversi. L'IG riguarda soltanto alimenti che contengono carboidrati, ovvero zuccheri, amidi e fibre, perché questi possono interferire in modo diretto con il glucosio del sangue. Per questa ragione l'IG non riguarda oli, grassi e proteine, ovvero carne, pesce, uova e formaggi stagionati. L'IG riguarda cibi del regno vegetale e anche latte e latticini freschi, poiché contengono zuccheri.

L'Indice Glicemico di un alimento può essere influenzato da molti fattori:
- la raffinazione dei cibi (aumenta l'IG),
- la modalità di cottura (più alta è la temperatura e più aumenta l'IG),
- l'aggiunta di grassi e di proteine nella preparazione del cibo (rendendo più complessa la digestione e più lento l'assorbimento si abbassa l'IG)
- la disposizione nell'ambito del pasto delle portate (l'IG di un alimento si può abbassare se lo si assume ad esempio dopo un cibo proteico che ne rallenta e ne protrae nel tempo l'assorbimento).

Cibi a bassissimo Indice Glicemico:
- IG max 20 insalate, verdure verdi, pomodori, melanzane, soia, albicocche, radici, funghi, zucchero fruttosio.
- IG max 35 latte e latticini freschi, fagioli, lenticchie, ceci, carote crude, fagiolini, frutta fresca, riso selvatico, quinoa, marmellate senza zucchero aggiunto, cioccolato nero (oltre 70% di cacao)

Cibi a basso Indice Glicemico:
- IG max 50 (da mangiare con moderazione) pane integrale completo del germe, pane di segale, spaghetti al dente, pasta integrale al dente, grano saraceno,riso integrale al dente (scolato), cereali integrali da colazione senza zuccheri aggiunti, piselli, patate dolci, kiwi, uva, succhi e sorbetti di frutta fresca senza zuccheri aggiunti.

Cibi ad alto Indice Glicemico:
- •IG max 65 (uso saltuario) pane con crusca, patate bollite con la buccia, semolino, biscotti, barbabietola, uva passa, marmellate zuccherate, succhi e sorbetti di frutta non dietetici, banane mature.
- •IG oltre 70 (da evitare) pane bianco comune, pancarré, pasta fresca anche con ripieno, riso bianco, riso a cottura rapida, riso soffiato, mais, corn flakes, patate bollite senza buccia (peggio se in purea, al forno, fritte o chips), carote cotte, zucca, cioccolato al latte o pralinato, bibite gassate non dietetiche, gelati, zucchero comune, zucchero glucosio, zucchero maltosio (composto di glucosio e glucosio), birra.

La DNE®, Dieta della Nicchia Ecologica, prevede cibi che fanno alzare la glicemia moderatamente, lentamente e per un lungo tempo, cibi "a basso Indice Glicemico".

Nutrirsi secondo la DNE vuol dire scegliere cibi non raffinati, senza zuccheri aggiunti, ovvero come quelli che mangiava vostro bisnonno, col risultato di avere un Indice Glicemico basso non solo relativamente al pasto nel suo insieme, ma anche relativamente ai singoli alimenti che risultano ad IG sempre inferiore a 50. Riguardo ai cibi contenenti carboidrati, di conseguenza valutabili secondo l'Indice Glicemico, nel paniere della DNE troviamo:

- • tutta la frutta, in particolare quella a bassissimo IG che è da preferire per un uso quotidiano. Kiwi, banane mature, uva e frutta secca, avendo un IG un po' più alto, sono per un uso più moderato;

• tutte le verdure crude, le quali sono tutte a bassissimo IG, ovvero interferiscono in misura molto limitata con la glicemia. Esse fanno parte della DNE dell'uomo dall'inizio della sua storia e devono essere presenti in grande quantità nell'alimentazione quotidiana;

• le verdure cotte. Esse sono tutte consigliate in accompagnamento ai cibi proteici ogni giorno, pranzo e cena (carote cotte, zucca, patate lessate con la buccia e barbabietole, avendo un IG alto, sono concesse per un uso saltuario). Purea di patate, patate fritte e chips risultano avere IG troppo alto, non compatibile con la nicchia ecologica dell'uomo, per cui ne è sconsigliato l'uso;

• i prodotti a base di cereali integrali e completi vanno scelti al posto di quelli raffinati, perché contengono proteine e oli del germe, perché sono ricchi di fibre che garantiscono un buon funzionamento intestinale e perché danno anche un senso di sazietà che dura nel tempo. Infatti il loro IG è più basso di quello dei cereali raffinati e per questa ragione l'innalzamento della glicemia è più modesto e più duraturo, essendo gli amidi in essi contenuti assorbiti più lentamente dall'organismo. La pasta va cotta al dente e riguardo al riso, che va lessato e poi scolato gettando l'acqua di cottura, è da scegliere quello selvatico o, come seconda alternativa, il riso basmati integrale. Per abbassare ulteriormente l'IG dei prodotti a base di cereali e per non abusarne come quantità, si consiglia di consumarli a fine pasto (dopo verdure crude, verdure cotte e alimenti proteici) in modo da rallentarne e protrarne nel tempo l'assorbimento.

- Non fanno parte del paniere della DNE:
i cibi con IG tra 50 e 65 di cui è possibile, salvo divieto medico, un uso saltuario;
i cibi oltre IG 70 che andrebbero evitati.

La scelta dei cibi

Definire quali sono i cibi della nicchia ecologica dell'uomo può apparire non così facile come definire quali sono quelli di un animale che è possibile osservare libero in natura. L'uomo pur facendo parte della natura e del regno animale, grazie alla civiltà sembra essersi allontanato da entrambi e aver perso le sue radici. Per comprendere quale sia la nicchia ecologica nutrizionale dell'uomo, anche nelle sue differenze, bisogna rifarsi da un lato alle tradizioni, basate su un'osservazione che si è svolta nell'arco di migliaia di anni, dall'altro lato all'attuale ricerca scientifica e alla presa di coscienza degli errori commessi; il tutto con una nuova attenzione a un'agricoltura più rispettosa dell'ambiente e dell'uomo.
Nutrirsi secondo la DNE vuol dire seguire semplici regole riguardo alla scelta dei cibi e riguardo alla disposizione dei medesimi nell'ambito del pasto e della giornata:
- Scegliere cibi naturali senza zuccheri aggiunti o additivi, meglio se da agricoltura biologica.
- Consigliate 3 porzioni di frutta fresca al giorno, meglio se non troppo zuccherina. La frutta contiene vitamine, antiossidanti, sali minerali, acqua e fibra, soprattutto idrosolubile, terreno ideale nei nostri intestini per la crescita dei batteri buoni. La frutta è consigliata particolarmente per colazione e spuntini

perché ha tendenza a fermentare, ad esclusione dei frutti di bosco, agrumi, ananas e frutta cotta che possono essere consumati anche a fine pasto.

• Ad inizio pasto consumare verdure crude in abbondanza, fino a sazietà. Esse contengono elementi fondamentali per la buona salute e per il buon funzionamento intestinale: fibre, vitamine, sali minerali, oligoelementi, antiossidanti, ecc., nonché acqua. Il loro apporto tende ad alcalinizzare l'organismo, favorendo l'eliminazione di sostanze acide e tossiche. Vanno mangiate all'inizio dei due pasti principali fino a sentirsi sazi, perché così facendo si riequilibra il rapporto tra fame e sazietà.

• Consumare una buona quantità di verdure cotte, 2 porzioni al giorno ai pasti principali. Le verdure cotte possono essere presentate come minestra di verdura (anche a inizio pasto) o in accompagnamento alle proteine (carni, pesce, uova, formaggio, leguminose). Da ricordare che zucca, carote cotte, barbabietole e patate lesse sono per un uso saltuario e che purea di patate, patate fritte e chips sono sconsigliate.

• Assumere una corretta quantità di proteine: carne magra, pesce, uova, formaggi di capra, frutta oleaginosa, leguminose. Un'alimentazione corretta garantisce la quantità di proteine oggi consigliata, che mediamente al giorno va da 0, 8 a 1, 2 grammi per kg. di peso corporeo. Temporaneamente vi può essere un'assunzione di proteine inferiore, ad esempio nelle cure depuranti, o alle volte superiore, ad esempio in una cena con amici. Relativamente al consumo delle proteine si può cadere in una forma che è considerabile una dipendenza che tende a perpetuarsi nel tempo. Infatti se per un lungo periodo si mangia una quota di proteine insufficiente, si tende a perdere l'attrazione e l'appetito nei loro riguardi, col risultato di continuare a mangiarne troppo poche. Situazione analoga vi può anche essere con un'assunzione eccessiva di proteine che, di conseguenza, tende a perpetuarsi nel tempo. Per questa ragione può essere utile controllare la quantità di proteine solitamente introdotta, facendovi eventualmente aiutare dal vostro medico, per poter apportare correttivi, se necessari.

• Consumare una quantità relativamente modesta di carboidrati costituiti da cereali come pane, pasta, riso, ecc., che devono essere integrali e possibilmente biologici, con lo scopo di colmare il fabbisogno calorico richiesto dall'esercizio fisico. Meno movimento fisico si fa, meno cereali si devono mangiare. Infatti nella DNE la loro funzione non è di saziare l'individuo perché la fame è già stata appagata con le verdure. Quando l'organismo si è riequilibrato, grazie a un corretto stile di vita e di nutrizione, sarà esso stesso in grado di fornire i dovuti segnali per mangiare la giusta quantità di cereali, secondo il fabbisogno energetico di ognuno.

• Condire con 2-3 cucchiai al giorno di olio di oliva extravergine e spremuto a freddo, con abbondante limone fresco se gradito ed eventualmente con erbe aromatiche. E' importantissimo che l'olio di oliva sia di ottima qualità, ovvero extravergine e di prima spremitura a freddo. Esso va conservato, una volta aperta la bottiglia, al buio e in luogo fresco. Astenersi da altri tipi di olio o di grassi.

• Assumere la giusta quantità giornaliera di acidi grassi polinsaturi omega6 (mangiando 5-6 mandorle o 1 cucchiaio di semi di zucca o di semi di girasole) e omega3 (mangiando 3 noci o 1 cucchiaio di semi di lino frullati o perle di olio di lino).

• L'uso del normale sale da cucina va abolito e sostituito con sale iodato. Anche questo va usato con parsimonia e abolito su indicazione medica. Le complementazioni saline vanno usate se si effettua fatica fisica con abbondante sudorazione.

• Bere 1,5-2 litri di acqua oligominerale al giorno, la quantità va aumentata in caso di calura estiva o di maggior movimento fisico.

• Bere 1 bicchiere di vino rosso al giorno (salvo controindicazioni).

Grazie a una giusta scelta dei cibi e a un corretto stile di vita, l'organismo tende a ottimizzare poco alla volta le funzioni vitali, a ripristinare il sano equilibrio tra fame e sazietà e ritrova l'autoregolazione che gli permette di assumere la quantità di cibo per lui necessaria.

La DNE permette di uscire dallo stress esistenziale, oggi molto diffuso, di dover pensare e far di calcolo per mangiare la giusta quantità, cosa che capita quando si è perso l'equilibrio tra fame e sazietà. Anche la mucca allevata secondo la sua DNE, libera in un bel prato, mangia perché ha fame e smette perché è sazia, col risultato di mangiare quello che per lei è giusto: né troppo, né poco e di rimanere nel suo peso forma.

I pasti nella giornata

Nella DNE i pasti della giornata sono suddivisi in colazione, 2 pasti principali, 2 spuntini.

Colazione.

La colazione è particolarmente importante nell'equilibrio nutrizionale della giornata, per cui è bene che sia ricca e completa.

Essa comprende:

- 1 porzione di yogurt magro, meglio se di pura capra, o una piccola porzione di formaggio di capra;
- 1 porzione di cereali integrali biologici da colazione senza zuccheri aggiunti o una fetta di pane integrale biologico;
- 1 piccola porzione di frutta fresca;
- 1 spremuta di agrumi;
- 3 noci alternate giornalmente a 4-5 mandorle;
- Tè verde senza zucchero.

Meglio ancora è consumare la famosa "crema Budwig" della dottoressa Kousmine. Questa crema apporta tutti gli elementi nutrizionali necessari per una mattinata intensa senza "buco nello stomaco". Con l'uso del frullatore risulta veloce da preparare e presenta il vantaggio di poter usare i semi di lino, ricchi di fibra, di mucillaggini e di acido grasso insaturo omega3 (che altrimenti può essere assunto sotto forma di complemento alimentare in perle).

La ricetta della crema Budwig è:

alla sera, direttamente nel bicchiere del frullatore, mettere a bagno in due dita d'acqua:

- 1 cucchiaio di semi di lino biologici
- 1 cucchiaino di riso integrale biologico crudo
- 4-5 mandorle (o 1 cucchiaio di semi di girasole)

al mattino frullare, eventualmente aggiungendo un po' d'acqua se risulta essere stata assorbita nella notte, poi aggiungere, sempre direttamente nel bicchiere del frullatore:

- il succo di ½ piccolo limone
- yogurt magro (preferibilmente di capra o una piccola formaggetta fresca di capra)
- un po' di frutta fresca, ½ piccola banana (o 1 cucchiaino di miele)
frullare nuovamente fino a trasformare in crema.

La crema Budwig va preparata fresca di volta in volta per avere tutta la sua carica di vitamine, antiossidanti e fermenti lattici.

Accompagnarla con tè verde senza zucchero.

Spuntini.

A metà mattina e a metà pomeriggio si può assumere una porzione di frutta o una spremuta fatta sul momento.

Pranzo e cena.

Iniziare i pasti mangiando a sazietà cibi a bassissimo Indice Glicemico, come verdure crude in insalata o minestra di verdura, ottime per stimolare il senso di sazietà.

Poi proseguire con le proteine (scegliendo tra carne, pesce, uova, formaggi) accompagnate da verdure cotte, escludendo quelle ad alto IG, o in alternativa verdure crude, qualora si sia cominciato il pasto con la minestra di verdura.

I cibi ricchi di carboidrati, ovvero pane o pasta o riso, ecc., vanno scelti tra quelli con IG non oltre 50 e vanno consumati per ultimi. Così facendo se ne abbassa ulteriormente l'IG ed è più facile limitarne la quantità a quella che serve per il dispendio energetico. I prodotti devono essere a base di cereali integrali e completi, perché contengono proteine e oli del germe, perché sono ricchi di fibre che garantiscono un buon funzionamento intestinale e perché danno un senso di sazietà che dura nel tempo, avendo IG più basso rispetto a quelli raffinati. I cibi ricchi di carboidrati vanno consumati in alternativa l'uno rispetto all'altro (es.: se si mangia il pane non si mangia la pasta).

L'organismo impiega un certo tempo per uscire dalle dipendenze, anche quelle alimentari, e questo è chiamato il tempo della disassuefazione, valutabile in alcuni mesi. Durante la disassuefazione bisogna usare intelligenza e competenza nell'alimentarsi, perché l'organismo, risentendo ancora della dipendenza, non dà i giusti segnali e per di più l'individuo non ha ancora recuperato la giusta capacità per decriptarli.

Usciti dalla dipendenza, la quantità di carboidrati può essere assunta utilizzando la fame come alleato per capire le vere esigenze dell'organismo. Se non si ha fame a fine pasto, ma la si ha nuovamente in tempi ravvicinati rispetto al pasto (1 ora e mezza - 2 ore) è segno che la quantità di carboidrati assunta non era sufficiente per il vostro dispendio energetico e, di conseguenza, regolatevi nel pasto successivo.

Condire ogni pasto con 1 o massimo 2 cucchiai di olio extravergine di oliva di prima spremitura a freddo, limone fresco in abbondanza se è gradito ed eventualmente erbe aromatiche. Il sale da cucina deve essere sostituito con quello iodato e ridotto al minimo, salvo diversa prescrizione medica.

Bere 1 bicchiere di vino rosso al pasto pricipale può essere buono per la salute e per il palato, salvo diversa indicazione medica.

Esempi di menu secondo la DNE®

Ecco alcuni menu che possono essere presentati indifferentemente a pranzo o a cena. Le porzioni di verdure crude devono essere molto abbondanti, quelle di verdure cotte piuttosto abbondanti e normali quelle di frutta. Le porzioni di carne, pesce, formaggio devono essere normali (circa g.150 per la carne, g.200 per il pesce, g.60/80 per il formaggio). Le porzioni di carboidrati (riso, pane, pasta, cereali in genere) devono essere piuttosto contenute e in funzione dell'attività fisica (da circa g.40 a circa g.70).

Menu con tacchino brasato
Abbondante pinzimonio di verdure fresche con sedano, finocchio, carote, insalata verde, ecc., condite con 1 cucchiaio di olio d'oliva extravergine, eventualmente limone ed erbe aromatiche.
Brasato di tacchino al vino rosso: mettere in una ciotola una porzione di carne ricoperta di vino rosso con un pezzetto di carota, sedano, chiodi di garofano, pepe in grani, alloro, timo, rosmarino, uno spicchio d'aglio e lasciarla per circa 1 ora. Poi togliere la sola carne e rosolarla a fuoco vivo con pochissimo olio d'oliva, aggiungere quindi il suo vino rosso con le spezie. Portare a ebollizione, poi abbassare la fiamma e cuocere a fuoco lento per un'ora, facendo restringere il sugo. Servire con fagiolini (o altra verdura) lessati al dente e una formella di riso integrale lessato e scolato.
Come frutta 1 porzione di ananas fresco al naturale.
Se gradito bere 1 piccolo bicchiere di vino rosso.

Menu con dentice (o salmone)
Insalata verde con carote grattugiate e con 4-5 mandorle al naturale, condita con 1 cucchiaio scarso d'olio d'oliva extravergine e limone fresco se gradito.

1 porzione di dentice (o salmone) al vapore o lessato, condito con un filo di olio d'oliva, prezzemolo e limone fresco. Broccoli lessati (o altra verdura).

Piccola porzione di spaghetti al dente con aglio e prezzemolo tritati, noci al naturale sminuzzate, pepe di Caienna e 1 cucchiaio scarso d'olio d'oliva extravergine.

Menu con formaggio di pura capra e verdure grigliate
Insalata di valeriana e radicchio rosso con 3 noci, condita con olio d'oliva extravergine e limone fresco se gradito.

Scarola e zucchine alla griglia con1 porzione di formaggio di pura capra, accompagnata da una fetta di pane biologico integrale e, se gradito, da un bicchiere di vino rosso.

Pere cotte nel vino rosso con cannella e chiodi di garofano, senza zucchero aggiunto.

Menu vegetariano alla mousse di fagioli cannellini
Insalata verde, carote, cavoli con semi di zucca (o 4-5 mandorle al naturale), condita con 1 cucchiaio scarso di olio d'oliva extravergine e limone fresco se gradito.

1 porzione di mousse di fagioli cannellini, preparata con fagioli bolliti e passati, con 1 cucchiaio scarso d'olio d'oliva extravergine su letto di abbondanti zucchine grigliate, in alternativa su foglie di insalata cappuccio.

1 porzione di mirtilli, lamponi e ribes al naturale o al succo di limone fresco se gradito.

Menu semplice per chi pranza fuori casa
Carote, finocchi, sedano crudi e 3-4 noci.
1 porzione di sardine (o salmone o sgombro) in scatola all'olio d'oliva extravergine con una fetta di pane integrale biologico
2 quadratini di cioccolato nero oltre 70% di cacao.
1 porzione di prugne fresche, o 4-5 prugne secche.
Tè verde.

Menu veloce al ristorante
1 porzione di insalata mista condita con olio d'oliva extravergine e limone fresco se gradito, oppure 1 porzione di minestrone di verdura.
A scelta 1 porzione di carne magra o di pesce grigliati con verdure.
1 piccola fetta di pane, meglio se integrale, o una piccola porzione di spaghetti al dente condita con pomodoro fresco e basilico e un filo d'olio extravergine di oliva.
1 spremuta di pompelmo, oppure 1 porzione di ananas fresco al naturale.

IL CERVELLO ADDOMINALE

Gli alimenti sono apportatori di energia e di materia per costruire il corpo umano e influenzano anche la vita emozionale e psichica dell'uomo. E' cosa risaputa che le viscere contengono una grande quantità di cellule nervose, circa il 60% di quelle di tutto l'organismo, tanto che ormai si tende a identificare la presenza di un secondo cervello detto "cervello addominale". La scoperta di queste cellule nervose risale alla metà del 1800 ad opera del neurologo tedesco L. Auerbach.

La grande quantità di cellule nervose presenti nell'intestino si avvantaggia da un corretto apporto di acidi grassi polinsaturi, in particolare omega3. Due importanti acidi polinsaturi omega3 sono quelli chiamati EPA e DHA di cui sono molto ricchi alcuni pesci grassi e alcune alghe. Le cellule del sistema nervoso abbisognano non solo di questi acidi grassi EPA e DHA, ma anche del loro capostipite chiamato ALA. Quest'ultimo acido grasso è contenuto soprattutto in vegetali come le noci e i semi di lino, prodotti oggi facili da reperire, ma è anche contenuto in grandissima quantità nella portulaca, pianta grassa a carattere infestante. Fino a epoche molto recenti l'apporto di omega3 era costituito in gran parte dalla portulaca. Essa faceva parte dell'abituale alimentazione di popoli diffusi in gran parte del mondo, dal bacino del Mediterraneo, all'Arabia, alla Cina, al sud America. Uomini e animali se ne nutrivano in abbondanza. La presenza della portulaca e delle noci nella nutrizione tradizionale sarebbe la spiegazione di come popoli, ad esempio il cretese, presentassero ancora intorno al 1960 un rapporto ottimale nell'assunzione di omega3 rispetto agli statunitensi.

La dieta contemporanea necessita, per quanto riguarda gli omega3 EPA e DHA, di 2-3 porzioni alla settimana di pesci grassi che ne siano ricchi e, per quanto riguarda ALA, di 2-3 noci al giorno o di 1 cucchiaio di semi di lino frullati (ad esempio nella crema Budwig) o di g.1-2 di olio di lino in perle, oppure di tornare a mangiare portulaca in insalata, come si fa ancora in alcune isole della Grecia. Trovare la portulaca non è così difficile, perché tra luglio e agosto la si vede crescere spontaneamente persino tra le crepe dei marciapiedi in città.

Per un sano equilibrio nutrizionale sono importanti i polinsaturi omega3, quelli omega6 (contenuti in mandorle, avena e anche nell'olio d'oliva) e il monoinsaturo oleico di cui l'olio di oliva è ricchissimo. La DNE è ricca di grassi insaturi e povera di grassi saturi.

Le cellule nervose del cervello addominale producono una grande quantità di neurotrasmettitori tra cui la serotonina, regolatore dell'umore, del senso di appagamento e della sazietà. La serotonina è quindi considerabile, per le sue funzioni, un antidepressivo. La possibilità che l'organismo ha per poter contare su una corretta quantità di serotonina è migliorata dal movimento fisico aerobico e dall'esposizione alla luce naturale che, come abbiamo già detto, fanno parte dello stile di vita della DNE, ma non solo, perché vi rientrano anche fattori nutrizionali. Dal corpo umano la serotonina è sintetizzata partendo da un amminoacido, ovvero da uno dei mattoni con cui sono fabbricate le proteine, chiamato triptofano. Una carenza nutrizionale di tale amminoacido può tradursi in una diminuita sintesi di serotonina a cui conseguono turbe dell'umore, dell'appagamento, fino alla depressione. Non c'è da stupirsi che il cioccolato nero, grande apportatore dell'amminoacido triptofano, possa funzionare da antidepressivo potendo permettere una maggior produzione di serotonina nei casi in cui l'apporto di triptofano fosse insufficiente.

Il cioccolato nero, oltre 70% di cacao, esente da

latte e dai suoi derivati, è un alimento il cui uso è consigliato nella DNE. Esso ha un Indice Glicemico bassissimo (IG 20/25) e inoltre presenta il vantaggio che è difficile abusarne, perché sazia dopo piccole quantità ingerite. Assolutamente da evitare è il cioccolato con minore quantità di cacao e con alto tenore di zuccheri aggiunti e di latte, perché ha un alto IG e tende a creare dipendenza: più se ne mangia, più se ne mangerebbe.

In alcuni casi può essere consigliata dal medico una complementazione alimentare per aumentare l'apporto di triptofano. A volte l'amminoacido triptofano può essere in quantità sufficiente nell'alimentazione ma non essere assorbito sufficientemente dall'organismo umano. Infatti un'alimentazione squilibrata con eccesso di altri amminoacidi, per un meccanismo competitivo, ne impedisce in parte l'assorbimento. Un'alimentazione equilibrata, relativamente alle proteine, è di estrema importanza per la sintesi della serotonina.

Perché la serotonina possa svolgere il suo compito nell'organismo umano, bisogna che un corretto stile di vita e una corretta nutrizione vadano a braccetto. Il funzionamento della serotonina nel corpo umano è un tassello fondamentale di una strategia complessa che si pone l'obiettivo di prevenire o curare i disturbi alimentari, l'anoressia adolescenziale femminile e l'anoressia indipendente da sesso ed età.

PERSONALIZZARE LA DNE

Una dieta sana, equilibrata e con i giusti apporti di nutrienti fornisce energia, nutre le cellule del nostro corpo e ne permette il giusto funzionamento, substrato di sani istinti per una buona vita emozionale e psichica. Va però precisato che non esiste una dieta unica uguale per tutti, che vada assolutamente bene per tutti, perché ogni individuo ha una sua identità che sottende una personalizzazione anche dietetica.

La Dieta della Nicchia Ecologica umana, DNE®, presenterebbe aspetti comuni a tutti gli uomini e anche differenze specifiche individuali che è importante rispettare. Molti possono essere i fattori che hanno determinato queste differenze e che possono anche sommarsi tra loro: fattori genetici, fattori dipendenti dalla storia personale del singolo individuo, nonché condizionamenti dovuti all'habitat e a tradizioni oggi forse perse, ma che si sono dipanate attraverso un grande numero di generazioni. Fattori genetici possono essere condizionanti per la nutrizione e lo stile di vita ed è molto probabile che differenti nutrizioni e stili di vita abbiano essi stessi influito, anche attraverso l'evoluzione, a creare differenziazioni genetiche.

Potremmo paragonare la dieta a un abito che riconosce un aspetto in comune per tutti gli uomini, essendo l'uomo un bipede con due braccia e due gambe che cammina in posizione eretta. L'abito poi si differenzia, secondo la corporatura, in varie taglie s, m, l, xl e necessita ancora, il più delle volte, di ritocchi per differenziazioni soggettive. A questo va aggiunto che la scelta dell'abito è anche in funzione dell'uso che se ne intende fare, ad esempio dalla gita in montagna in stagione invernale alla vacanza in spiaggia ai tropici. In altre parole, diversa può essere la dieta, ovvero la nutrizione e lo stile di vita, da individuo a individuo e anche diversa può essere per lo stesso individuo se questo pensa di andare nelle prossime vacanze a fare la maratona di New York, piuttosto che le cure termali.

La dieta deve rispettare non solo la nicchia ecologica della specie umana in toto, ma anche l'identità del singolo individuo. In epoca di globalizzazione appare più difficile pensare alla dieta come a un abito su misura che rispetti la persona nella sua identità.

INTOLLERANZE E ALLERGIE ALIMENTARI

La necessità di rispettare l'individuo nella sua unicità è molto evidente nei riguardi di allergie e intolleranze alimentari, che sono oggi sempre più diffuse e possono manifestarsi anche in presenza di un corretto stile nutrizionale e di vita, perfettamente consono con la DNE della specie umana.

- Un'intolleranza sempre più diffusa e di cui si vedono sempre più gli effetti devastanti sull'organismo umano è quella al *glutine*.

Il glutine è una proteina contenuta unicamente in alcuni cereali, tutti gli altri vegetali ne sono esenti. Esso è contenuto in grande quantità nel grano (triticum) e, in misura minore, in farro, spelta, orzo, segale, sorgo, kamut, frik (grano egiziano) e di conseguenza è contenuto in tutti i prodotti da essi derivati. Non contengono glutine gli altri cereali come riso, miglio, mais e i loro derivati. Tutti gli altri vegetali, anche ridotti in farina, nonché grano saraceno e quinoa, usati in sostituzione dei cereali, non contengono glutine.

In caso di intolleranza al glutine bisogna astenersi

dal consumare cibi che contengano fonti di glutine.

Tale intolleranza può andare da forme lievi a forme molto gravi: la malattia celiaca, in cui si è sensibili alla contaminazione di glutine anche in tracce (es. semplice forchetta mal lavata, o eccipiente di amido non specificatamente senza glutine in un medicinale). La celiachia può essere causa o concausa di patologie estremamente gravi che possono riguardare non solo il sistema digestivo, ma anche il cuore, la tiroide, i muscoli, il sistema nervoso e quello vascolare, ecc., per arrivare anche alla fecondità. Naturalmente in caso di intolleranza al glutine i sintomi o la patologia correlata migliorano progressivamente con una dieta esente da glutine, *gluten free.*

Una delle cause dell'aumento dell'intolleranza al glutine può essere da imputare anche al fatto che in epoca recente è aumentata la quantità di glutine presente nella nutrizione corrente attraverso la selezione di un grano sempre più ricco di glutine che, poco alla volta, ha sostituito altri cereali che ne sono relativamente poveri e che sono passati da prodotti abitualmente usati nella tradizione contadina a prodotti di nicchia (es.: farro, kamut, orzo e anche segale). La quantità di glutine è anche aumentata perché questo viene aggiunto in vari prodotti dell'industria alimentare per la sua capacità di agglutinare, ovvero di tenere assieme sostanze diverse, permettendo a prodotti da forno una lievitazione maggiore rispetto al normale, o molto semplicemente legando assieme sostanze o anche sapori diversi, cosa utile per dadi, insaporenti e per infiniti altri usi. Tutto questo glutine non faceva parte della nicchia ecologica umana, è al di fuori della DNE, non c'è quindi da stupirsi che l'intolleranza al glutine stia diventando una risposta che caratterizza un numero sempre maggiore di persone.

- Molto diffuse sono anche l'intolleranza e l'allergia al *latte*.

L'intolleranza al latte è classificabile nelle vere e proprie intolleranze. In questo caso l'organismo di alcune persone o non produce l'enzima lattasi, che serve a digerire lo zucchero lattosio presente nel latte, o lo produce in quantità insufficiente. Il risultato è che lo zucchero lattosio non venendo scisso nei suoi due zuccheri (glucosio e galattosio) non viene assorbito dall'intestino, diventa terreno per una flora intestinale anomala che dà luogo a fermentazione, meteorismo e crampi. L'intolleranza al latte ha una diffusione del 5-15% tra gli adulti di razza bianca, la percentuale aumenta tra le popolazioni di origine africana e ancor più tra quelle di origine orientale, soprattutto tra quelle che provengono dalle regioni di Pechino e di Shangai. Il fatto è perfettamente logico, perché nell'alimentazione tradizionale di alcuni popoli, in particolare di quello cinese, il latte era completamente assente, ovvero non compariva nella loro DNE che quindi ancora oggi va debitamente personalizzata in tal senso.

L'allergia al latte è di sempre maggiore importanza. E' dovuta ad alcune proteine contenute nel latte, in particolare in quello di mucca. Parlando di latte bisogna distinguere, perché si tende a pensare al latte come a un'entità unica, mentre il latte in realtà può essere di mucca, capra, pecora e camelidi. Se guardiamo il mappamondo ci rendiamo conto di quanto i camelidi fossero animali usati in vastissimi territori, come il cammello in Asia e i dromedario in

Africa.

Nella costa europea del bacino del Mediterraneo è la capra l'animale che nella tradizione era usato per il latte. La pecora era soprattutto usata per la lana e per la carne, solo in alcune zone geografiche vi era l'abitudine di consumare formaggio di pecora.

Il latte di mucca è uno dei meno compatibili per la nutrizione umana, tanto è vero che se al neonato viene somministrato latte vaccino senza che questo sia stato debitamente trattato (togliendo grasso, aggiungendo zucchero, acqua, ecc., ovvero sottoponendolo al processo detto di "umanizzazione") c'è il rischio che il bimbo muoia.

L'introduzione dei formaggi e dei latticini di mucca, che erroneamente vengono identificati con un'alimentazione tradizionale, è relativamente recente, possiamo dire che la loro grande diffusione sia avvenuta dopo la rivoluzione francese. Solo due sono i formaggi che, con la loro tradizione millenaria, travalicano l'epoca della rivoluzione francese per risalire al medioevo: il francese Franche-comté e l'italiano Parmigiano. In realtà in questi due formaggi, in cui la stagionatura è un'arte che permette con il lungo tempo di affinare il prodotto, non si mangia più il latte di mucca quale era in origine, ma quello che è diventato grazie all'invecchiamento e all'opera dei batteri. Con la parcellizzazione delle grandi proprietà terriere in piccoli appezzamenti, che si afferma dopo la rivoluzione francese, comincia l'abitudine da parte dei contadini più poveri a non usare il bue come animale da traino, bensì la mucca che tutti i giorni dell'anno dà il latte e ogni tanto è usata anche per arare quel piccolo terreno destinato alla coltura dei cereali. Comincia così a diffondersi l'abitudine a produrre e a nutrirsi di latte e formaggi di mucca. Da tenere anche presente che popolazioni che avevano lunghe tradizioni nell'uso del latte solitamente non l'hanno mai usato al naturale, cosa che invece si è fatta col latte di mucca, ma l'hanno mangiato sotto forma di yogurt o di kefir dove il latte è già predigerito da batteri idonei anche per il benessere della flora intestinale.

L'allergia al latte è di solito relativa a quello vaccino e derivati, raramente a quello di capra. Questo è facilmente spiegabile con la DNE tradizionale dell'uomo in cui non compariva il latte vaccino. L'altra cosa estremamente interessante è che, secondo le statistiche ufficiali, l'allergia al latte è estremamente rara nel gruppo sanguigno B, molto più frequente nel gruppo sanguigno A e nel gruppo sanguigno 0. Questo è spiegato da Peter D'Adamo, autore della dieta secondo i gruppi sanguigni, con le differenze dietetiche tra i gruppi sanguigni per le quali il gruppo sanguigno B presenterebbe un'alta compatibilità con la maggior parte dei latticini.

- Le allergie ad alimenti di varia natura sono numerosissime.

Si può andare dall'allergia all'uovo, a quella ai crostacei, ai pesci, a moltissimi vegetali fra cui fragole, pesche, agrumi, arachidi, nocciole, altra frutta oleaginosa, funghi, cipolle, solanacee, leguminose, ecc..

Le cause delle allergie alimentari possono dipendere dalla storia personale del singolo individuo, da fattori genetici e anche dal manifestarsi della tipologia di carattere denominata *contatto-esistenza*. In caso di allergie la dieta dell'individuo va personalizzata escludendo i cibi che ne sono la causa, per dirlo con altre parole: ad ognuno la sua DNE.

Porsi la domanda se siano presenti una o più intolleranze o allergie alimentari è cosa logica quando si è di fronte a disturbi alimentari o ad anoressia, soprattutto se la persona manifesta la tipologia di carattere *contatto-esistenza*. Tale tipologia di carattere, come abbiamo già visto, è soggetta con facilità alle allergie, anche alimentari. Il disturbo alimentare o l'anoressia possono essere intrattenuti o peggiorati dal tentativo che la persona mette in atto per destreggiarsi fra possibili allergie e intolleranze alimentari, di cui non si siano diagnosticati e definiti gli alimenti scatenanti. In questo caso la restrizione della scelta alimentare a cui la persona si obbliga, non dipenderebbe solo da asserzioni in cui la persona si è identificata a un punto tale da perdere la propria autostima se recede, ma dipenderebbe anche dal malessere causato da allergie e intolleranze alimentari non diagnosticate. Appare logico infatti che nel tentativo di evitare alimenti a cui si sia allergici o intolleranti, non avendo capito quali essi siano, si tenda inconsciamente ad evitare un po' troppi cibi.

In caso di disturbi alimentari e anoressia è utile una diagnosi precisa delle allergie e delle intolleranze alimentari, particolarmente in presenza della tipologia di carattere *contatto-esistenza*. Tale diagnosi, come propongono alcuni nutrizionisti, andrebbe ripetuto nell'arco del tempo, perché le allergie con il tempo possono cambiare.

L'esempio dell'abito tagliato e cucito su misura, differenziato in taglie che a volte necessitano dei dovuti ritocchi, può servire a capire come sia necessario saper scegliere nella grande quantità di prodotti alimentari oggi contemporaneamente presenti sul mercato, non per nulla definito globale. E' come se si entrasse in un negozio pieno di una grande quantità di abiti che può creare confusione a prima vista. Poi, a ben guardare, quelli che possono andar bene a una determinata persona sono in numero limitato, in base alla taglia e all'uso che si vuol fare dell'abito. Altrettanto grande è la varietà di alimenti oggi presenti sul mercato, il che non deve essere motivo di confusione, perché a ben vedere solo alcuni alimenti vanno bene per alcuni, altri per altri. Il grande numero di alimenti offerti non deve trarre in confusione; la ricchezza di varietà, se ben gestita, può dare frutti perché nella grande scelta ognuno può trovare ciò che veramente conviene per la personalizzazione della sua dieta, la sua DNE.

Allergie e intolleranze alimentari non sono l'unico motivo per personalizzare la dieta.

GRUPPI SANGUIGNI E DIETA

In passato vi erano sostanziali differenze nel modo di vivere e nella nutrizione, potremmo dire nella DNE, di popolazioni diverse quanto a origine e tradizioni. A titolo d'esempio basti pensare alle differenze nutrizionali e di modo di vivere che vi erano tra popolazioni come gli indiani d'America, prevalentemente cacciatori, i cinesi di Pechino e Shangai, agricoltori, e i pastori, tra cui i cammellieri di quell'enorme area geografica costituita dalla Mongolia, dalla Siberia e da buona parte di quelle regioni che si trovano ad est dei monti Urali. È probabile che i discendenti di popolazioni così diverse abbiano DNE non del tutto sovrapponibili, ovvero che all'interno della DNE umana vi siano da fare ancora ulteriori differenziazioni. Ad esempio oggi, fra gli indiani d'America quelli che vivono in modo sedentario e nutrizionalmente sbagliato (con eccessi di zuccheri, grassi e alcool) sono proprio quelli che si stanno letteralmente estinguendo a causa di diabete, ipertensione, patologie cardiovascolari e anche di problemi definibili esistenziali. Vi è più di un dubbio che questo tipo di dieta, che per tutti è sbagliata, sia per loro particolarmente nefasta, forse perché troppo diversa dalla loro dieta originaria quando la vita era all'aria aperta e il cibo era costituito prevalentemente da carne magra di bisonte.

La dieta dell'uomo riconoscerebbe differenze all'interno della specie umana e queste differenze sarebbero riconducibili, secondo Peter D'Adamo, all'appartenenza ai diversi gruppi sanguigni 0, A, B, AB, ultima memoria di popolazioni originariamente diverse. In altre parole la DNE umana avrebbe delle personalizzazioni secondo il gruppo sanguigno di appartenenza. La dieta dei gruppi sanguigni 0, A, B, AB, presentata da Peter D'Adamo, intende la parola dieta nel senso più ampio del termine: essa riguarda non soltanto la nutrizione, ma tutto il modo di vivere dell'individuo.

Le specificità dietetiche per ogni gruppo sanguigno sono esposte in "Le diverse caratteristiche dietetiche di ogni gruppo sanguigno" (Appendice).

LA DNE® NELLA TERAPIA DELL'ANORESSIA

Sia l'anoressia adolescenziale femminile che quella indipendente da sesso ed età sono caratterizzate da una nutrizione non solo insufficiente ma anche il più delle volte squilibrata. Una nutrizione squilibrata ripetuta nel tempo può dar luogo a un'assuefazione che tende a trasformarsi in una vera e propria dipendenza e a perpetuarsi, se non si interviene con un'opportuna educazione nutrizionale, anche quando la situazione psicologica che causa l'anoressia sia migliorata.

Molti possono essere gli squilibri nutrizionali che si accompagnano a un'alimentazione insufficiente. Vi può essere chi evita in modo ossessivo cibi come pane, pasta, riso, ecc., vi può essere chi evita tutti i grassi, compresi quelli buoni come l'olio di oliva di prima spremitura a freddo, le mandorle, ecc., vi può essere chi limita l'apporto proteico evitando le proteine animali, non rimpiazzandole neppure con quelle vegetali, e vi possono essere numerosissime altre forme ossessive che danno assuefazione e che a lungo termine diventano dipendenze. Queste devono essere prese in considerazione e debitamente curate con un opportuno programma dietetico, poiché, essendo diventate dipendenze, tenderebbero a perpetuarsi.

Vi può essere anche chi è assuefatto e dipendente nei riguardi di cibi contenenti farine raffinate e zuccheri aggiunti, ovvero cibi ad alto Indice Glicemico, i quali possono sembrare, a prima vista, un toccasana per chi soffre di anoressia. Anche in presenza di una nutrizione scarsa, ma ad alto Indice Glicemico si avrà, come già visto, una glicemia instabile, detta "a denti di sega". La dipendenza da questi cibi ad alto Indice

Glicemico fa sì che la persona continui a sceglierli, continuando a causare una glicemia instabile e questa è causa di un'instabilità emozionale e psichica. In questo caso è importante portare la persona a cambiare la scelta degli alimenti e tornare a una nutrizione modicamente glicemizzante e più consona all'essere umano come è quella proposta dalla DNE. Così facendo non si continua a lasciare la persona esposta a una glicemia instabile anche quando le motivazioni psicologiche dell'anoressia siano migliorate. Infatti la sensazione di disagio provocata dalla glicemia instabile, con gravi crisi ipoglicemiche, può essere tale da indurre nuovamente la persona a una drastica riduzione del cibo molto simile al digiuno che, pur con un apporto insufficiente, garantisce una glicemia stabile seppur bassa, ma meno bassa di quella della crisi ipoglicemica. Il tentativo di sopravvivere a cibi troppo glicemizzanti con una riduzione della quantità di cibo rende più difficile uscire dall'anoressia adolescenziale femminile e da quella indipendente da sesso ed età.

Per la prevenzione e per la terapia dell'anoressia è necessario un sano stile di vita. Il movimento fisico deve essere commisurato con l'organismo della persona e vanno evitati tutti gli eccessi, sia nel troppo che nel poco. Il movimento deve essere aerobico, possibilmente alla luce del sole, all'aria aperta e tale da favorire l'equilibrio tra corpo, emozione e mente.

La personalizzazione della DNE, come nutrizione e stile di vita, è tassello fondamentale del rispetto reciproco tra madre e figlia in caso di gruppo sanguigno tra loro diverso.

La DNE®, Dieta della Nicchia Ecologica, in sinergia con una valida e imprescindibile psicoterapia, aiuta a trovare le soluzioni del proprio essere al mondo che la persona anoressica, in modo doloroso, sta ricercando.

LA LIBERTA' RITROVATA

Per prevenire e curare l'anoressia e poter permettere alla persona di arrivare ad avere il proprio equilibrio nutrizionale e di stile di vita vanno trattate, dopo averle identificate, le vere cause psicologiche ed esistenziali che la sottendono, ovvero i veri colpevoli.

I veri colpevoli dell'*anoressia adolescenziale femminile* sono la differenza mal gestita di gruppo sanguigno tra madre e figlia e uno o più traumi, non debitamente curati, avvenuti in quel periodo dell'esistenza che va dal concepimento alla nascita.

Colpevolizzare la giovane, la madre, il padre, il nucleo famigliare, che molto probabilmente hanno fatto quello che credevano essere il meglio, non solo non è di utilità terapeutica per l'anoressia adolescenziale femminile, ma crea un inutile stress che peggiora la situazione.

Infatti la colpevolizzazione anziché liberare lega sempre di più e, paradossalmente, tende a far ripetere i comportamenti per i quali ci si colpevolizza.

E' bene che figlia e genitori smettano di colpevolizzarsi e che vedano finalmente i veri colpevoli dell'anoressia.

A questo punto la responsabilità di ognuno è di prendere i giusti provvedimenti: intraprendere una terapia che curi il trauma della giovane, avvenuto in quel periodo tra concepimento e nascita, e far sì che madre e figlia vivano in un reciproco rispetto della propria identità, anche biologica, data dal diverso gruppo sanguigno.

Per aiutare coloro che presentano la tipologia di carattere *contatto-esistenza*, tra cui le giovani a rischio di anoressia, oltre ad avere un corretto approccio riguardo al trauma che ne è causa, bisogna offrire un'accoglienza disponibile e non pressante, che lasci spazio al loro avvicinarsi per il desiderio di contatto e al loro ritrarsi per la paura, senza aspettative nei loro riguardi perché sarebbero sentite come invasioni. Bisogna rispettare la loro ambivalenza, il loro desiderio di contatto e il loro desiderio di fuggire, secondo il loro ritmo. Anche la cadenza degli appuntamenti per la terapia deve essere un po' elastica, soprattutto all'inizio, in modo da rispettare il loro desiderio di contatto e il loro desiderio di fuggire: è un po' come quelle danze in cui si ha da seguire il ballerino nei suoi due passi avanti e uno indietro.

Bisogna aiutare chi ha questa tipologia di carattere a stabilire poco alla volta il contatto con la mamma "buona", con la realtà che ha permesso loro di vivere e farcela, con la terra che tutti nutre: bisogna poco alla volta permetter loro di imparare a fidarsi. Questo li aiuta a posare i piedi per terra, a radicarsi, proprio nel senso di avere radici, a nutrirsi dall'ambiente. Non a caso appaiono come poco incarnati, visitatori che camminano nel mondo con un passo che li spinge più tra le nuvole che a contatto con la terra.

È fondamentale essere presenti al loro bisogno di nutrimento e contemporaneamente rispettare la loro voglia di fuggirlo. Vanno aiutati poco alla volta a sentire la propria fame, le proprie sensazioni corporee ovvero il proprio corpo, cosa che molto desiderano e temono allo stesso tempo. Si tratta di aiutarli a sentire ciò che è buono e nutriente per loro e a scegliere in funzione di questo sentire accompagnandoli anche nel sentire la paura, senza giudicarla e senza combatterla. Se possono guardare la loro paura supportati da una presenza amica, essa poco alla volta, come un fantasma quando si ha il coraggio di guardarlo, non è più persecutoria né pericolosa.

Poco alla volta il loro sguardo che ti fissa e non ti perde di vista nemmeno per un istante, sempre pronto all'allarme, con cui controllano il mondo circostante ed anche la vostra presenza, diventa più morbido: passa dallo sguardo di un gatto allarmato a quello di un gatto un po' sornione e un po' curioso.

Poco alla volta può cambiare anche l'occhio con cui guardano il cibo: la percezione del cibo può passare da quella di un nemico che va controllato a quella di qualcosa con cui si può intrattenere rapporto senza pericolo, per poter arrivare un giorno ad essere visto come un amico nutriente e apportatore di vita.

L'*anoressia indipendente da sesso ed età* ha come colpevole lo stato depressivo conseguente alla impossibilità di appagare i propri bisogni, quelli che non sono stati neppure identificati. Per uscire da questa anoressia bisogna curare lo stato depressivo curando il trauma che impedisce di contattare i propri veri bisogni e che spinge il più delle volte a dipendenze anche alimentari. Trasformare in eventi della vita quegli eventi vissuti come traumatici, avvenuti nell'età evolutiva in cui si cominciavano a identificare i propri bisogni, nonché aiutare la persona a uscire da dipendenze alimentari già instaurate con una giusta educazione alimentare. Su tutto questo si basa la terapia per risolvere l'anoressia indipendente da sesso ed età.

Il libero arbitrio è per l'uomo un dono, ma può essere anche una condanna. Gli dà una libertà sconosciuta agli animali grazie alla quale egli può raggiungere le più alte vette di ricerca spirituale.

Il libero arbitrio riduce nell'uomo l'imprinting dell'istinto e se mal usato può portare a comportamenti autolesionistici nei più svariati aspetti della vita, dieta compresa. La terapia del trauma e la DNE permettono a chi soffra di disturbi alimentari, anoressia inclusa, di trovare l'equilibrio nutrizionale e nutrirsi può ritornare ad essere un atto per la vita nella libertà di scegliere.

La vera responsabilità di ognuno diventa quella di impegnarsi in una corretta educazione nutrizionale e in un corretto stile di vita, che rispetti anche l'identità biologica, e nel risolvere i traumi e trasformarli in eventi che fanno parte della storia del vivere. Si passa così da una continua rimessa in scena disfunzionale alla fluidità della vita.

APPENDICE

LE DIVERSE CARATTERISTICHE DIETETICHE DI OGNI GRUPPO SANGUIGNO

Secondo Peter D'Adamo ogni gruppo sanguigno avrebbe per una sua caratterizzazione come nutrizione e come stile di vita, ovvero come dieta, e tale caratterizzazione, secondo la mia ipotesi, andrebbe rispettata per la buona evoluzione psichica, emozionale e fisica della giovane che presenta gruppo sanguigno diverso da quello della propria madre.

Ecco, in sintesi, le caratteristiche dietetiche di ogni gruppo sanguigno secondo D'Adamo.

I cibi sono stati classificati in 3 categorie: indicati (ovvero idonei), neutri e non idonei (ovvero da evitare). L'elenco dei cibi presentati non è esaustivo, ma è limitato a quelli più comunemente usati. A volte nell'elenco possono comparire cibi relativamente inusuali, ma vengono citati perché particolarmente idonei o non idonei.

Inoltre da Peter D'Adamo è consigliato l'uso di sostanze che possono limitare i danni provocati dalle lectine, nell'organismo umano. Le lectine, come abbiamo detto, sono proteine che si incastrano meccanicamente su una determinata struttura, ad esempio sull'antigene del gruppo sanguigno A oppure quello del gruppo sanguigno B. Qualora vengano ingerite lectine specifiche per il proprio gruppo sanguigno, esse formerebbero dei legami fra cellule diverse, il che potrebbe provocare problemi digestivi, immunitari e interferire con la produzione di ormoni intestinali (quali ad esempio la CCK, cioè la colecistochinina). Il consiglio è quindi di evitare l'ingestione di cibi contenenti lectine specifiche per il proprio gruppo sanguigno, come ad esempio prodotti suini per il gruppo sanguigno A e pollo per il gruppo sanguigno B. Per tutti i gruppi sanguigni i danni provocati dalle lectine possono essere limitati dall'assunzione di determinare sostanze che hanno la caratteristica di neutralizzarle in parte: un trasudato dalle foglie del larice chiamato *arabinogalactans di larice* e due tipi di alghe, le *laminariacee* e il *fucus vesiculosus* detto anche quercia marina. Oltre a quanto detto da Peter D'Adamo, è risaputo che quest'ultima alga ha anche un valore protettivo dalle sostanze radioattive che possono essere presenti nell'ambiente, come ad esempio a seguito dell'incidente di Cernobyl o della contaminazione radioattiva a seguito dello tsunami avvenuto in Giappone nel 2011. Il fucus vesiculosus può essere assunto sia sotto forma di complemento alimentare sia in insalata (nella dose massima di gr.5 al giorno di alga secca, dopo averla reidratata lasciandola a bagno nell'acqua).

Il gruppo sanguigno 0

Il gruppo sanguigno 0 è quello più antico, per molte migliaia di anni unico gruppo sanguigno, poiché gli altri gruppi sanguigni sono comparsi in epoca relativamente recente. L'uomo di gruppo sanguigno 0 nel lunghissimo periodo della preistoria è vissuto di caccia, di pesca, della raccolta di vegetali di crescita spontanea e viene presentato da Peter D'Adamo come cacciatore-raccoglitore. L'appartenente a questo gruppo sanguigno, ancora oggi molto diffuso, necessiterebbe tutt'ora, secondo il naturopata statunitense, di un'alimentazione e di un modo di vivere per molti aspetti simile a quello delle origini.

L'esigenza maggiore di chi appartiene al gruppo sanguigno 0 è di avere nell'alimentazione una presenza pressoché costante di proteine animali magre ad alto contenuto di ferro, perché altrimenti rischierebbe una carenza di ferro nel sangue. In epoca preistorica tali proteine potevano ad esempio derivare dalla carne di cervo, oggi, più semplicemente, dalla carne magra di bovino. A conferma di quanto detto da Peter D'Adamo ho constatato, nella mia esperienza medica, che la carenza di ferro nel sangue, detta sideropenia, si riscontra particolarmente in donne in età feconda di gruppo 0. Ad un approfondimento dell'indagine è risultato che l'assunzione di carne, in particolare rossa, risultava insufficiente, se non totalmente assente, in tali donne. Dato il bisogno di apporto di carne rossa al gruppo sanguigno 0 male si addice la nutrizione vegetariana.

Il sistema digestivo di chi appartiene al gruppo sanguigno 0 viene, dal naturopata statunitense, paragonato a un tritatutto con il risultato che, digerendo ogni cosa, risulterebbe meno sensibile, rispetto ad altri gruppi sanguigni, ai cibi per lui definiti "non idonei". Per gestire l'acido cloridrico prodotto in grande quantità dal suo stomaco e i problemi che esso comporta potrebbe essere d'aiuto l'assunzione di liquirizia, senza però esagerare nella quantità in quanto essa può aumentare la pressione arteriosa (va quindi evitata se si è già ipertesi).

L'indicazione alimentare riguardo alle proteine, sarebbe quella di nutrirsi soprattutto di carni magre rosse in particolare bovine, come già detto. Neutre sarebbero tutte le altre carni. Possibilmente da evitare, per le lectine presenti, sarebbero tutti i prodotti derivati dal maiale, anche se, per l'alta capacità digestiva del gruppo sanguigno 0, tutte le lectine in generale non sarebbero per lui così negative come per gli altri gruppi sanguigni. Molti sarebbero i pesci indicati: pesce spada, merluzzo, persico, luccio, sogliola. Non idonei sarebbero: granchi, cozze, seppie, polpo, salmone affumicato, palombo, acciughe. Neutri tutti gli altri. Inoltre, fra i cibi contenenti proteine, non idonei sarebbero: soia e derivati, lenticchie, fagioli bianchi di Spagna e borlotti, fave, arachidi, pistacchi, noci brasiliane, semi di sesamo, anacardi, nonché il latte di mucca, i suoi derivati e il latte di capra. Neutri sarebbero: uova di gallina, formaggi di capra, fagioli cannellini e piselli, nocciole, mandorle, pinoli. Per il gruppo sanguigno 0 particolarmente indicate sarebbero le noci.

Riguardo alla frutta e alla verdura il consiglio è di prediligere quelle che crescerebbero anche spontaneamente, senza il lavoro dell'uomo. Tra le verdure indicate: dente di leone, cicoria, scarola, bietole, coste, spinaci, broccoli, carciofi, cipolle, cavolo cappuccio, verze, zucca, prezzemolo e le alghe. Tra la frutta indicata: banane, noci, mirtilli, fichi, ciliegie, prugne, mango. Tra le verdure non idonee: patate, melanzane, cavoli, cavolfiori, porri, avocado, funghi coltivati, capperi, olive verdi e nere. Tra la frutta non idonea: noci di cocco, datteri, kiwi, more, fragole, mandarini, arance. Neutre tutte le altre verdure e frutta.

Per questo gruppo sanguigno non sarebbero idonei: grano, mais, patate che rischiano di causare fermentazioni. Neutri: riso, miglio, amaranto. Indicato: pane azzimo.

Tra le bevande indicato il tè verde. Neutro il vino

rosso. Non idonei: vino bianco, birra e distillati.

Il caffè risulta particolarmente eccitante per il gruppo sanguigno 0 a un punto tale da sconsigliarne l'uso, sostituibile ad esempio col caffè d'orzo.

Indicati sarebbero gli oli di oliva e lino. Da evitare sarebbero gli oli di germe di grano, mais, soia e girasole.

Neutra è l'assunzione del cioccolato nero con oltre 70% di cacao.

Necessaria per il gruppo sanguigno 0 sarebbe l'assunzione di vitamine del gruppo B di cui sono ricche le carni. L'assunzione di tali vitamine potrebbe essere anche eventualmente integrata con complementi alimentari. Con una dieta equilibrata le vitamine A ed E sarebbero largamente sufficienti e non necessiterebbero quindi di complementazione alimentare.

Sarebbe buona cosa ancora oggi che il gruppo sanguigno 0, tra i suoi impegni quotidiani, programmi del tempo da dedicare all'esercizio fisico in modo che il suo corpo si conservi efficiente, come quello del cacciatore che doveva essere pronto alla lotta per catturare la preda. Uno sforzo variabile nell'esercizio fisico, paragonabile a quello che nella preistoria si poteva avere con la caccia in cui si alternavano momenti di attesa allo sforzo massimale della lotta, oggi si può ottenere con un gran numero di attività fisiche, ad esempio: andare in bicicletta con l'arrampichino dove lo sforzo della salita si alterna alla discesa, sciare, camminare in montagna, ma anche molto semplicemente dedicarsi al ballo. Praticare un esercizio fisico con un'attività muscolare variabile nel tempo, può mettere nella condizione che, in alcuni momenti, lo sforzo muscolare vada oltre la capacità di ossigenazione data dalla respirazione. Questa condizione causa una produzione di acido lattico nei muscoli, da questi si diffonde nell'organismo acidificandolo, ovvero causando un'acidosi metabolica. Il fisico del gruppo sanguigno 0, a differenza del gruppo sanguigno A, sopporterebbe bene una saltuaria acidosi metabolica. Come molti sportivi sanno, l'acidosi metabolica è valutabile, in modo relativamente semplice, misurando l'acidità delle urine con le cartine di tornasole che si comprano in farmacia.

Per il gruppo sanguigno 0 è indicata, come attività fisica, quella che richiede un rapido adeguamento e una risposta immediata a situazioni esterne. In tal senso gli si addicono non solo il ciclismo e l'atletica in generale, ma tutti i giochi competitivi che possono andare dal tennis al football. Inoltre il gioco del calcio in particolare, come anche altri giochi di squadra, necessita di un'azione coordinata e comune di tutta l'equipe, cosa che bene si addice al gruppo sanguigno 0 abituato fin dalle origini a coordinare la propria azione in piccoli gruppi per cacciare la preda.

La memoria ancestrale del cacciatore sarebbe ancora presente nella socializzazione del gruppo 0 che si trova bene in un piccolo gruppo di persone di cui possibilmente essere il leader. A questo riguardo mi viene in mente quella frase che Giulio Cesare scrisse attraversando un piccolo villaggio «Meglio essere il primo a Tusculi che il secondo a Roma».

Il cacciatore solitamente seguiva lo spostamento degli animali che cacciava. Per questa ragione limitava i propri beni a quelli strettamente necessari alla caccia e alla vita quotidiana non potendosi portar dietro, negli spostamenti, cose inutili. L'impegno lavorativo per la produzione di tali beni era relativamente limitato, così pure l'attaccamento affettivo. Secondo Peter D'Adamo tale attitudine si conserverebbe ancora nel gruppo sanguigno 0, a differenza degli appartenenti al gruppo sanguigno A che tendono ad avere un più forte attaccamento alle proprie cose anche se queste non sono più utili.

Da un punto di vista emozionale il cacciatore aveva bisogno di risposte immediate per difendersi o aggredire durante la caccia, ovvero di una collera esplosiva e diretta che ancora oggi caratterizzerebbe come reazione immediata gli appartenenti al gruppo sanguigno 0. Tale attitudine emozionale presenta l'indiscutibile vantaggio di facilitare la definizione di situazioni relazionali, senza lasciare che situazioni equivoche si trascinino nel tempo perché chi ha gruppo sanguigno 0 tende a risolverle con la collera. Questo se da un lato può essere un indiscutibile vantaggio nel definire in modo chiaro i propri spazi, i propri rapporti e nell'essere di conseguenza una persona più diretta e comprensibile, dall'altro lato può essere un problema perché persone vicine possono sentirsi aggredite da tale collera. Peter D'Adamo consiglia, agli appartenenti al gruppo sanguigno 0, di dedicarsi a quelle attività che possono aiutare la gestione della collera, questo per migliorare non soltanto la gradevolezza della vita dell'appartenente al gruppo sanguigno 0, ma anche quella di chi gli sta vicino.

Il gruppo sanguigno A

Il gruppo sanguigno A si è diffuso sulla Terra in

un'epoca relativamente recente della storia dell'uomo, tra 25mila e 15mila anni fa e oggi, con il gruppo sanguigno 0, è il più presente. Secondo Peter D'Adamo il gruppo sanguigno A è quello dell'uomo che vive di agricoltura: A come agricoltore, stanziale, con un modo di vivere e di nutrirsi propri di un agricoltore che sarebbe bene rispettare ancora oggi.

Il gruppo sanguigno A si avvantaggerebbe dal consumo di una grande quantità di vegetali, particolarmente di verdura ed anche di frutta, e dal consumo di proteine di origine vegetale, in particolare di quelle ricavate dalla soia che per questo gruppo sarebbero, secondo il naturopata statunitense, un vero toccasana. Le proteine vegetali sarebbero talmente proficue al gruppo sanguigno A che si potrebbe forse immaginare per lui, a differenza del gruppo 0, una sopravvivenza da vegetariano, ovvero senza carni ma con la presenza di alimenti di origine animale, come uova, latte di capra e derivati. Da non dimenticare che, in caso di alimentazione vegetariana, è bene che le proteine delle leguminose siano integrate e completate con le proteine contenute nelle graminacee e nella frutta oleaginosa per avere così una maggior ricchezza di amminoacidi. Inoltre è bene integrare la dieta di chi sia vegetariano con vitamine del gruppo B e con prodotti contenenti ferro, essendo qui assente la carne che ne è ricca. La nutrizione vegetaliana invece, ovvero con soli vegetali senza alimenti d'origine animale, essendo carente di alcuni amminoacidi essenziali, che non sono presenti nei vegetali, può essere praticata per periodi limitati.

Il sistema digestivo del gruppo sanguigno A sarebbe a volte delicato per una difficoltà nella digestione delle proteine causata dalla carenza di quegli enzimi, detti proteolitici, che servono a scindere le proteine nei singoli amminoacidi. Per questa ragione D'Adamo consiglia l'assunzione di enzimi proteolitici come la bromelina contenuta nell'ananas o come quelli contenuti nell'aloe. Personalmente, a conferma di quanto detto da Peter D'Adamo, ho constatato grossi benefici con l'assunzione di prodotti ricavati dall'aloe solo se si è gruppo sanguigno A, invece ho constatato risultati mediocri se si è di gruppo 0 e sovente la comparsa di nausea se si è di gruppo sanguigno B: per entrambi questi gruppi sanguigni l'aloe è classificato non idoneo da Peter D'Adamo.

Tale grande difficoltà nella digestione delle proteine porterebbe chi è di gruppo sanguigno A a rischiare che i batteri presenti nell'intestino non siano solo quelli buoni che producono vitamine, ma siano anche quelli cattivi, ad esempio quelli putrefattivi, che prolificano proprio perché vi sono proteine non digerite nell'intestino. Per mantenere una flora intestinale sana sarebbe consigliato un uso regolare e costante di fermenti lattici, sia assunti sotto forma di yogurt o kefir sia sotto forma di complementi alimentari. Per assorbire ed evacuare le tossine intestinali sarebbe indicato anche un uso regolare di fibre vegetali idrosolubili come la pectina della mela, mangiando una mela al giorno come dice il proverbio, o le fibre contenute nel riso integrale cotto in abbondante acqua e scolato. Per la mia esperienza, oltre a quanto detto, per assorbire le tossine può essere anche utile l'uso di carbone vegetale che, oltre al resto, riduce i gas intestinali, fonti di non poco disturbo personale e sociale.

Data la minor capacità di digerire le proteine, secondo Peter D'Adamo il gruppo sanguigno A sarebbe molto più sensibile, rispetto al gruppo 0, alle lectine contenute negli alimenti. Ad esempio riguardo alle lectine contenute nella carne e nei prodotti derivati dal maiale, il gruppo A ne sarebbe 20 volte più sensibile rispetto al gruppo 0, per cui sarebbe buona cosa che chi è di gruppo sanguigno A si astenesse completamente dal farne uso. Non vi sarebbero carni classificate come indicate per il gruppo sanguigno A, mentre neutre sarebbero le carni di pollo, di tacchino e di struzzo, che presenta un basso contenuto di grassi e di colesterolo. Non idonee sarebbero tutte le altre carni e in particolare, come già detto, la carne di maiale per la presenza di lectine specifiche contro il gruppo sanguigno A.

Tra i pesci sarebbero indicati: sardine, salmone fresco, sgombri, merluzzo, palombo, carpa, pescatrice, lumache di mare. Sarebbero neutri: pesce spada, tonno, triglie, cefalo, dentice, trote, persico, luccio. Non idonei: sogliola, branzino, orata, nasello, cernia, acciughe, aringhe, calamari, seppie, polpo, anguille, salmone affumicato, gamberi, granchi, aragosta, ostriche, vongole, cozze.

Le proteine di origine vegetale per il gruppo sanguigno A sarebbero particolarmente indicate, non soltanto per l'aspetto digestivo, ma anche perché hanno la caratteristica, essendo alcalinizzanti, di combattere l'acidosi metabolica che è fattore negativo per questo gruppo sanguigno. Indicati sarebbero: soia e derivati, lenticchie, noci e arachidi. Non idonei: ceci, fagioli bianchi e borlotti, noci del Brasile, anacardi e pistacchi. Neutri: piselli, fagioli cannellini e fave, nocciole e semi di sesamo.

Sempre riguardo alle proteine sarebbero neutri: uova di gallina e di quaglia, mozzarella di bufala, formaggi di pecora e capra. Neutri sarebbero yogurt e kefir, non importa dal latte di quale animale siano ottenuti, poiché l'importanza è data dalla loro digeribilità e dai loro fermenti lattici che sono particolarmente importanti per questo gruppo sanguigno. Non idonei: latte di mucca e derivati, compresi i gelati.

Per il gruppo sanguigno A sarebbe importante un buon apporto di verdure scegliendole tra quelle indicate: dente di leone, scarola, cicoria, cavolo cappuccio, coste, spinaci, bietole, broccoli, fagioli verdi, carciofi, zucca, rape, porri, cipolle e aglio. Un uso di quest'ultimo è di particolare importanza per il gruppo sanguigno A per mantenere una corretta flora intestinale e come vermifugo. Il gruppo A è bene che si astenga, o quanto meno riduca, l'apporto dalle solanacee, per lui non idonee: pomodori, peperoni, patate e melanzane. Inoltre sarebbero non idonei: capperi, olive nere, funghi coltivati, crauti e cavoli. Neutri tutti gli altri vegetali, tra cui: prezzemolo, finocchi, carote, zucchine, cime di rapa, insalate verdi, verza.

Tra la frutta sarebbero indicati: pompelmi, limoni, albicocche, ciliegie, fichi, prugne, more, mirtilli, ananas, noci e arachidi. Non idonei: banane, mandarini, arance, papaia, mango, noci di cocco, noci del Brasile, anacardi, pistacchi. Neutri sarebbero tutti gli altri, tra cui da non: mele e pere.

Questo gruppo sanguigno, per ricavare il surplus di calorie da bruciare nei lavori pesanti e nello sport, avrebbe a disposizione molti cereali neutri tra cui scegliere, costituiti da quelli che hanno caratterizzato l'agricoltura nei tempi passati: riso, orzo, farro, miglio, segale, avena, grano saraceno (anche se non è un cereale, ma una poligonacea). Particolarmente indicato sarebbe l'amaranto (anche se non è un cereale, ma una amarantacea). Non idonei sarebbero: mais e grano.

Tra le bevande indicate: caffè, tè verde, vino rosso. Neutro sarebbe il vino bianco. Non idonei: acqua gassata, bevande gassate, tè nero, birra, distillati.

Indicati sarebbero gli oli di oliva, lino e noci. Neutri sarebbero gli oli di soia, girasole, sesamo, colza, germe di grano, mandorle. Non idonei sarebbero gli oli di mais e cocco.

Non idoneo sarebbe lo zucchero. Neutri: miele, sciroppo d'acero, malto e cioccolato nero con oltre 70% di cacao.

Al gruppo sanguigno A sarebbero particolarmente indicate quelle spezie e piante medicinali che migliorano il sistema digestivo: aloe, bardana, zenzero, cardo mariano e semi di zucca, questi ultimi anche per la loro caratteristica vermifuga. Indicate sono anche quelle che agiscono sul sistema neurovegetativo riducendo lo stress: biancospino, valeriana, camomilla, e quelle che migliorano il sistema immunitario come l'echinacea, o la tonicità dell'organismo come ginseng e fieno greco. Indicati anche l'arabinogalactans del larice e due tipi di alghe, le laminariacee e il fucus vesiculosus, in grado di neutralizzare in parte le lectine specifiche per questo gruppo sanguigno.

Il gruppo sanguigno A, secondo Peter D'Adamo, male tollera, a differenza del gruppo 0, un'acidosi metabolica anche se modesta. L'acidosi metabolica, come abbiamo già detto, è rilevabile molto semplicemente bagnando una cartina di tornasole, acquistata in farmacia, con un po' di urina della persona. L'acidosi metabolica può dipendere da diversi fattori tra cui l'alimentazione, la respirazione, l'attività fisica e lo stress.

L'alimentazione interferisce con l'acidosi metabolica:

• proteine. Più acidificanti quelle della carne rossa, meno quelle della carne bianca, pollo e tacchino, ancora meno quelle del pesce e addirittura alcalinizzanti sono quelle di origine vegetale. Ne consegue che anche da questo punto di vista un bilancio equilibrato fra le varie proteine sarebbe cosa auspicabile per il gruppo sanguigno A;

• zuccheri e farine raffinate. Sono più acidificanti degli stessi alimenti non raffinati. Ai molti motivi per scegliere prodotti integrali non raffinati, che hanno costituito per millenni la nutrizione dell'uomo agricoltore, se ne aggiungerebbe uno in più: combattere anche l'acidosi metabolica, cosa mal tollerata dal gruppo sanguigno A, secondo Peter D'Adamo.

Anche la respirazione rientra nell'equilibrio acido-base dell'organismo. Essa deve fornire la giusta quantità di ossigeno, perché le combustioni necessarie a produrre l'energia per l'organismo avvengano nel modo migliore possibile, altrimenti si interferisce sull'equilibrio acido-base. L'energia è necessaria per far sopravvivere il corpo mentre è a riposo e ancora di più se compie uno sforzo fisico, per questa ragione la respirazione deve adeguarsi al fabbisogno energetico dell'organismo. Se si effettua uno sforzo muscolare massimale con una respirazione insufficiente, il muscolo va in carenza di ossigeno producendo acido lattico, acidificante per l'organismo. Per il gruppo sanguigno A non sarebbero quindi idonei quegli sport che richiedono continue variazioni dello sforzo muscolare, perché si possono avere momenti in cui lo sforzo è tale che la respirazione diventa insufficiente con conseguente produzione di acido lattico. Sarebbero invece particolarmente indicate attività fisiche che richiedono uno sforzo regolare, con una respirazione regolare, profonda e adeguata in funzione di uno sforzo fisico costante e non eccessivo, in modo da non produrre acido lattico: ampia è la scelta, dalle passeggiate al nuoto. Indicate sarebbero anche quelle attività fisiche connesse con l'aspetto meditativo, come ad esempio yoga, qi gong, tai chi chuan, in cui un valido esercizio fisico è abbinato ad una altrettanto valida respirazione che combatte l'acidosi metabolica. Il loro aspetto meditativo costituisce un fattore che aiuta la gestione dell'eventuale stress da socializzazione a cui può essere soggetto il gruppo sanguigno A.

Riguardo alla socializzazione, molto diversa è quella di una società di agricoltori rispetto a quella di cacciatori. Questi ultimi cacciano in piccoli gruppi solitamente anche senza una diversificazione specifica di ruoli all'interno del gruppo. La società agricola invece, presenta una socializzazione molto complessa con una grande diversificazione dei ruoli in cui vi è non solo l'agricoltore vero e proprio, ma anche chi produce gli strumenti per coltivare, chi costruisce i canali per l'irrigazione e i terrazzamenti, chi stocca le derrate alimentari per l'inverno e per i periodi di carestia, chi ridistribuisce gli alimenti al momento del consumo.

Se del mondo agricolo si fa una fotografia istantanea si vede come esso per sopravvivere necessiti di una socializzazione complessa con molti ruoli e molte persone implicate. Una socializzazione così complessa con i propri contemporanei, quella che potremmo chiamare una socializzazione in senso orizzontale, porta l'uomo agricoltore a un comportamento razionale e non impulsivo, ma pone anche qualche problema di stress. I rapporti tra nonni, figli e nipoti, potremmo chiamarla socializzazione verticale, in una società di agricoltori necessita di una gestione molto più attenta rispetto a una di cacciatori. Il cacciatore infatti ha un investimento minimo in beni così detti strumentali, ad esempio archi e frecce, rispetto agli investimenti necessari per l'agricoltura che sono di una tale portata e impegno da attraversare verticalmente molte generazioni. Trasformare una boscaglia incolta in un terreno agricolo, fare opere di terrazzamento, di canalizzazione per l'irrigazione, mettere a dimora piante, come ad esempio l'ulivo i cui frutti si cominciano a vedere dopo 20 anni, necessita di investimenti su più generazioni e pone i presupposti per il concetto di eredità anche in termini materiali. Questa, che chiamiamo socializzazione verticale, è per l'uomo agricoltore fonte di beni materiali e di tradizioni che si tramandano da secoli. Se si abbina questo patrimonio ancestrale alla razionalità e alla scarsa impulsività che caratterizzerebbero l'uomo agricoltore, si vede come egli tenderebbe più facilmente a farsi carico di situazioni non concluse non solo personali ma transgenerazionali, quelle che in psicoterapia possiamo chiamare delle Gestalt aperte. L'aggressività e l'impulsività del cacciatore, necessarie per combattere contro la preda, tenderebbero a chiudere ogni situazione, mentre la razionalità dell'agricoltore tenderebbe a lasciarle aperte, aumentando il carico esistenziale di storie passate.

Secondo Peter D'Adamo la razionalità e la capacità di socializzare caratterizzerebbero ancora oggi l'uomo di gruppo sanguigno A. La razionalità però tenderebbe a lasciare situazioni insolute e la socializzazione a creare un'ansia da socializzazione: come rovescio della medaglia sarebbero anche fonte di stress. Il gruppo sanguigno A, per questo stress esistenziale e sociale sia in senso orizzontale con i suoi contemporanei che verticale con la propria storia famigliare, si avvantaggerebbe di tecniche meditative che riguardino sia l'aspetto fisico che quello emozionale. Studi recenti hanno dimostrato che la meditazione abbassa i livelli sanguigni di cortisolo, ormone caratteristico dello stress. In base a questi presupposti tutte le tecniche meditative che investono sia il corpo che le emozioni sarebbero di vantaggio per il gruppo sanguigno A.

Questi si avvantaggerebbe anche di una vita regolare scandita da orari e stagioni come era quella dell'agricoltore e tutto ciò sarebbe un ulteriore fattore che ridurrebbe i suoi livelli di stress.

Chi appartiene al gruppo A avrebbe verso i propri averi un atteggiamento diverso rispetto a quello che avrebbe chi appartiene al gruppo 0. L'agricoltore infatti, a differenza del cacciatore-raccoglitore, ha una proprietà di beni costituita fondamentalmente da terreni e da opere su di essi realizzate, come terrazzamenti, canalizzazioni, colture e abitazioni: costruzioni solide destinate ad attraversare il tempo. Ne conseguirebbe che il gruppo sanguigno A tenderebbe ad avere beni che si possono toccare con mano, di cui si può dire di essere proprietari, intestatari, e che si trasmettono in eredità alla discendenza. Il gruppo sanguigno A, a differenza del gruppo sanguigno 0, tenderebbe a conservare il più possibile le cose, anche quelle inutili al momento presente riempiendo armadi e soffitta, dicendo «Un giorno potrà servire», oppure «Era del nonno. E' nella famiglia da secoli».

Il gruppo sanguigno B

Il gruppo sanguigno B si è diffuso in epoca relativamente recente, tra 15mila e 10mila anni fa, e oggi i suoi rappresentanti sono meno numerosi rispetto a quelli del gruppo sanguigno 0 e del gruppo sanguigno A.

L'uomo di gruppo sanguigno B in origine, secondo Peter D'Adamo, era pastore, un nomade che seguiva i propri animali negli spostamenti alla ricerca di nuovi pascoli. Ancor oggi la nutrizione dell'appartenente al gruppo sanguigno B dovrebbe, secondo il naturopata statunitense, cercare di rispettare quella originaria.

L'alimentazione di tale gruppo dovrebbe privilegiare latte e latticini di pecora e di capra, soprattutto sotto forma di yogurt e di kefir. A differenza dei gruppi sanguigni 0 e A non presenterebbe controindicazione a latte e latticini anche di mucca purché freschi, meglio se magri.

Gli appartenenti al gruppo sanguigno B dovrebbero astenersi dal consumare le proteine della soia. Assolutamente vietate gli sono le carni di: pollo, cappone, galletto, gallina e faraona, alimenti che conterrebbero una lectina specifica e particolarmente pericolosa per questo gruppo sanguigno. A conferma di quanto detto, mi è capitato un paziente che, avendo il colesterolo superiore alla norma, aveva introdotto nella sua dieta solo carni bianche, da lui identificate in quelle di pollo, e abolito completamente latticini e formaggi. Il risultato fu per lui incomprensibile: con tale dieta il colesterolo, anziché scendere, gli era salito di circa il 10%. Eseguito l'esame del gruppo sanguigno e constatato che era di gruppo B, gli diedi il consiglio di abolire completamente dalla sua alimentazione le carni di pollo e simili e il suo colesterolo ridiscese, non solo ai valori iniziali, ma leggermente al di sotto (circa il 7% in meno del valore iniziale). Sarebbe consigliabile all'appartenente al gruppo B, qualora volesse consumare carni bianche magre, ricorrere a quella di tacchino, per lui neutra. Neutre sarebbero anche le carni bovine, di struzzo e di fagiano. Oltre alle carni di pollo, cappone, galletto, gallina e faraona, non sono idonee neppure le carni equine, di maiale e dei volatili in genere. Indicate invece sarebbero le carni ovine, animali tipici della pastorizia, nonché la carne di cervo e di coniglio, animali tipici degli ampi spazi erbosi.

Tra i pesci, sarebbero indicati: sardine, sgombri, merluzzo, cernia, dentice, nasello e pescatrice. Non idonei: acciughe, spigola, palombo, branzino, polpo e tutti i crostacei. Neutri tutti gli altri, tra cui: persico, trota, luccio, carpa, pesce azzurro, salmone, sogliola, pesce spada e tonno.

Non idonee, tra le proteine vegetali, sarebbero la maggior parte delle leguminose fra cui: soia e derivati. Tra i frutti oleaginosi non idonei sarebbero: nocciole, pinoli, semi di sesamo, pistacchi, arachidi e anacardi. Neutri: fagioli, fave, noci, mandorle e noci del Brasile. Ancora fra le proteine, neutre: uova di gallina. Indicati, come abbiamo già detto, il latte di ogni origine animale e tutti i derivati: yogurt, kefir e formaggi. Tra i derivati del latte sarebbero invece non idonei i formaggi molto stagionati e i gelati.

Fra i vegetali sarebbe bene che il gruppo sanguigno B si astenesse particolarmente dai carciofi e anche non idonei sarebbero le olive verdi e nere, i pomodori, i ravanelli, le cime di rapa, l'avocado e la zucca. Indicati: carote, patate dolci, cavolfiori, cavoletti di Bruxelles, broccoli, bietole, barbabietole, prezzemolo. Neutri tutti gli altri, tra cui: aglio, cavoli, fagiolini, finocchi, insalate verdi, melanzane, patate, peperoni, rape, porri, cipolle, spinaci, topinambur.

Fra la frutta sarebbe indicata: uva, prugne, ananas e papaia. Non idonea: fichi d'India e cachi. Neutra tutta l'altra frutta, tra cui: arance, mandarini, limoni, pompelmi, banane, mele, kiwi, frutti di bosco, ciliegie, pesche.

Fra i cereali e derivati sarebbero indicati: riso, miglio e pane azzimo. Neutri: avena, orzo e farro. Non idonei: grano, grano saraceno, mais, segale e amaranto.

Fra le bevande sarebbe indicato il tè verde. Neutri la birra, il vino bianco e rosso. Non idonei acqua frizzante, bevande gassate, tè, caffè, distillati e liquori.

Indicato sarebbe l'olio d'oliva. Neutri gli oli di lino, germe di grano, noci, mandorle e ribes nero. Non idonei sarebbero tutti gli altri oli.

Non idonei sarebbero: lo zucchero e il malto. Neutri: miele, cioccolato amaro con più del 70% di cacao.

Non idonei per il gruppo sanguigno B sarebbero: aloe, genziana, rabarbaro, cannella e semi di zucca. Indicati sarebbero: liquirizia, rafano, zenzero e anche il curry per il sistema digestivo, ginseng ed eleuterococco per dare energia, ginko per il sistema circolatorio e, per la pulizia delle vasi sanguigni, la lecitina di soia unico prodotto ricavato dalla soia idoneo per questo gruppo sanguigno. Tutte le altre spezie e piante medicinali sarebbero classificate tra le neutre.

Il gruppo sanguigno B si avvantaggerebbe dall'assunzione di magnesio, necessario al suo equilibrio e al suo sistema muscolare, e dall'assunzione di arabinogalactans del larice e di due tipi di alghe, le laminariacee e il fucus vesiculosus, in grado di neutralizzare in parte le lectine specifiche per questo gruppo sanguigno, lectine a cui è particolarmente sensibile.

L'uomo di gruppo sanguigno B avrebbe la capacità di affrontare grandi sforzi, come quelli che erano necessari al pastore per accompagnare gli animali alla ricerca di nuovi pascoli, e di alternarli a momenti di quieta osservazione, come quelli in cui il pastore osservava gli animali al pascolo. I momenti di quiete nell'osservazione degli animali avrebbero reso quest'uomo incline all'introspezione e alla solitudine, ma l'avrebbero predisposto poco al confronto con altri uomini. La necessità di difendere i propri animali dai possibili attacchi di predatori l'avrebbe dotato di reattività immediata e di capacità di lotta. Accompagnare gli animali negli spostamenti può presentare problematiche nuove da risolvere, questo avrebbe reso l'uomo di gruppo sanguigno B duttile e versatile. In sintesi l'uomo di gruppo sanguigno B sarebbe incline a una solitudine meditativa e poco al confronto con i suoi simili, sarebbe dotato di capacità di osservazione e di introspezione, abbinate a una reattività immediata e combattiva, nonché sarebbe dotato di un'intelligenza duttile e versatile.

Per questo gruppo sanguigno sarebbero idonee attività fisiche caratterizzate da un buon ritmo respiratorio ed eventualmente da sforzi fisici abbinati a momenti di minore intensità, in cui vi può essere spazio per l'osservazione dell'ambiente circostante. Fra di esse si possono annoverare l'escursionismo, il trekking, il nuoto, il golf, il tennis e anche lo yoga, il qi gong e il tai chi chuan, per il loro aspetto meditativo, nonché le arti marziali, per il loro aspetto filosofico.

Attraversare ampi spazi alla ricerca di nuovi pascoli, senza mescolarsi con popolazioni di agricoltori incontrate lungo il percorso, avrebbe portato l'appartenente al gruppo sanguigno B ad essere estremamente selettivo nella propria sessualità, cosa che spiegherebbe perché il gruppo sanguigno AB, figlio di un A e di un B, comparirebbe con una certa frequenza solo in epoca relativamente recente.

L'essere stato per così lungo tempo pastore nomade, secondo quanto riportato da Peter D'Adamo, avrebbe avuto un'influenza sul concetto di ricchezza dell'uomo di gruppo sanguigno B. Un agricoltore, anche nei tempi passati, possedeva la terra e le infrastrutture su di essa costruite che potevano aver richiesto il lavoro di generazioni della stessa famiglia e per questo motivo creavano un forte legame affettivo. Il pastore invece come bene produttivo non possedeva la terra, che per lui era come il mare ovvero di tutti, ma possedeva animali. Questi ultimi hanno una vita di breve durata nel tempo, se confrontata alla lunga durata nel tempo che hanno i beni di un agricoltore. Infatti gli animali di proprietà del pastore hanno una vita mediamente molto più breve di quella dell'uomo e già solo per questo fatto il pastore deve sapersene emotivamente staccare. Gli animali inoltre non solo venivano comprati o venduti, secondo la situazione economica, ma fornivano anche la carne di cui il pastore si cibava. Il pastore, ovvero il gruppo sanguigno B, si troverebbe quindi nella condizione di non stabilire un legame affettivo troppo forte e vincolante con i propri beni produttivi, cosa che invece più facilmente capiterebbe all'agricoltore, ovvero al gruppo sanguigno A. Ne conseguirebbe quindi una maggiore capacità per il gruppo sanguigno B di saper usare le proprie ricchezze, secondo il momento, comprando e vendendo in base alla resa economica, senza farsi particolari problemi affettivi. Oltre ai così detti beni produttivi, costituiti principalmente dagli animali, un pastore nomade avrebbe di proprietà anche beni di capitalizzazione dati dal valore degli animali venduti, beni che permettono l'acquisto di nuovi animali. Questi beni di capitalizzazione devono essere facili da trasportare e da difendere e potremmo definirli beni mobili, in contrapposizione a quelli definiti beni immobili, radicati per terra, di conseguenza non trasportabili, tipici dell'agricoltore. Si potrebbe dire che tutte le ricchezze del pastore nomade sono solo quelle che si possono caricare su una cavalcatura difendibile con la propria scimitarra. Le ricchezze possono avere un valore molto variabile: si va da un carico di riso, o di miglio, o di sale ad uno di stagno, o d'argento, o d'oro, o di pietre preziose. Il valore è determinato dalla valutazione che ne viene fatta in quella società e in quel momento storico.

Il concetto di ricchezza basato non sull'estensione, come ad esempio per la terra, e non sulla quantità, come ad esempio per le derrate alimentari, ma sulla qualità socialmente riconosciuta, renderebbe più facile nell'epoca attuale, a chi ha gruppo sanguigno B, l'uso di beni così detti mobili fino ad arrivare, ad esempio, alle partecipazioni azionarie di una società; gli sarebbe facile il passaggio da un pezzo di carta, rappresentativo ad esempio di una quota azionaria, a concetti di ricchezza basati sull'informatica, come ad esempio una carta di credito. In un mondo basato sull'agricoltura il gruppo sanguigno A avrebbe avuto, per il suo modo di essere, una maggior facilità ad accumulare ricchezze, mentre in un mondo basato su capitali mobili, azioni di società che si fondono e si dividono, su soldi che vanno e vengono anche senza toccarli materialmente, il gruppo sanguigno B avrebbe una maggior facilità ad accumulare ricchezze. Questa potrebbe essere la spiegazione, secondo quanto citato da Peter D'Adamo, del perché negli Stati Uniti le persone appartenenti al gruppo sanguigno B sarebbero rappresentative solo del 9% della popolazione, mentre ben il 35% dei milionari apparterrebbero a tale gruppo.

Il gruppo sanguigno AB

L'uomo di gruppo sanguigno AB ha ereditato da un genitore il gruppo sanguigno A e dall'altro genitore il gruppo sanguigno B. In teoria potrebbe esistere da quando coesistono i gruppi sanguigni A e B, in realtà comincia a essere presente nei ritrovamenti di epoca relativamente recente, a partire dal IX secolo d.C.. Questo fatto potrebbe indicare, secondo alcuni fra cui Peter D'Adamo, come il modo di vivere e di nutrirsi del gruppo sanguigno A e di quello B fossero estremamente diversi. Il gruppo sanguigno AB oggi è presente pur avendo una diffusione di gran lunga inferiore rispetto agli altri gruppi sanguigni.

Tale gruppo sanguigno unirebbe le specificità del

gruppo sanguigno A con quelle del gruppo sanguigno B: sarebbe razionale e non impulsivo, nonché meditativo e duttile. Avrebbe un tale bisogno di libertà da sentirsi sovente costretto dalle regole sociali e limitato dalla propria famiglia. Il suo sogno sarebbe di essere "cittadino del mondo". Questo può essere fonte di evoluzione spirituale, ma anche di disadattamento nei riguardi della storia della propria famiglia.

Il gruppo sanguigno AB avrebbe come indicazioni quelle specifiche per il gruppo A e quelle per il gruppo B e come controindicazioni quelle per l'A e quelle per il B. Il fatto che complica le cose è che le indicazioni per l'A si presenterebbero alcune volte come controindicazioni per il B e viceversa. Il consiglio quindi sarebbe di avere una certa duttilità, secondo i momenti e le situazioni, ma in ogni caso di rispettare quelle che potrebbero essere le controindicazioni di maggior peso. In particolare evitare di mangiare pollo (sostituibile col tacchino), carni rosse e maiale, polpo, crostacei e sogliola, latte e formaggi stagionati di mucca (sostituibili con quelli di capra e di pecora), carciofi e peperoni, arance, mandarini e banane, nocciole e semi di sesamo, grano, mais e grano saraceno, bibite gassate, birra, distillati, tè e caffè, aloe e semi di zucca. Sarebbero indicati per questo gruppo sanguigno: biancospino, valeriana e camomilla contro lo stress, echinacea per rinforzare il sistema immunitario, cardo mariano per il benessere della cellula epatica, ananas per la digestione delle proteine. Indicati anche l'arabinogalactans del larice e due tipi di alghe, le laminariacee e il fucus vesiculosus, in grado di neutralizzare in parte le lectine specifiche per questo gruppo sanguigno.

Il gruppo sanguigno AB, caratterizzato da grande

vitalità, capacità meditativa e introspettiva, è bene che alterni pratiche come yoga e tai chi chuan a sport che richiedono grandi prestazioni fisiche come bicicletta, nuoto ed escursionismo.

I GRUPPI SANGUIGNI, RIFLESSIONI E VARIAZIONI SUL TEMA

Agli albori dell'umanità la Terra era abitata, come abbiamo già detto, solo dall'uomo di gruppo sanguigno 0, che per molte migliaia di anni visse di caccia, pesca e vegetali di crescita spontanea, oggi chiamato l'uomo cacciatore-raccoglitore. L'uomo di gruppo sanguigno A si è diffuso sulla Terra in epoca più recente tra 25mila e 15mila anni fa, seguito da quello di gruppo sanguigno B, tra 15mila e 10mila anni fa. Con il Medioevo comincia a essere presente l'uomo di gruppo sanguigno AB, che ha ereditato da un genitore il gruppo sanguigno A e dall'altro genitore il gruppo sanguigno B.

La domanda su quali siano le cause che possano determinare la comparsa di un nuovo gruppo sanguigno, come quello A e poi quello B, apre numerose ipotesi che sottendono molteplici risposte. E' una mutazione genetica avvenuta in modo puramente casuale? Cambiamenti nutrizionali e/o ambientali possono aver determinato una mutazione genetica? Vi è stata, come sostengono alcuni, una presenza di extraterrestri che ha interferito con l'evoluzione dell'uomo? Furono creati da Dio?

La Bibbia, parlando dell'uomo e delle sue origini, presenta due tradizioni, quella di Adamo ed Eva e quella, da molti ignorata, presentata nella "Genesi, capitolo n° 6" e intitolata "La corruzione umana" (riporto integralmente il testo dalla Bibbia, Edizioni Paoline, Roma 1983):

"Quando gli uomini cominciarono a moltiplicarsi sopra la faccia della terra e furono nate delle figliuole, avvenne che i figli di Dio videro che le figliuole degli uomini erano piacevoli e se ne presero per mogli tra tutte quelle che più loro piacquero. Allora il Signore disse: «Il mio spirito non durerà per sempre nell'uomo, perché egli non è che carne, e i suoi giorni saranno di centoventi anni».

C'erano i giganti sulla terra a quei tempi, e anche dopo, quando i figli di Dio si accostarono alle figliuole dell'uomo e queste partorirono loro dei figli. Sono questi i famosi eroi dell'antichità...".

Leggendo questo brano può venire il dubbio che si stia parlando dell'iniziale uomo primitivo cacciatore-raccoglitore, di gruppo sanguigno 0, le cui figlie piacquero a quelli chiamati "figli di Dio", che sembrerebbero appartenere a un gruppo di diversa origine e già civilizzato. Si potrebbe forse ipotizzare che questo secondo gruppo sia costituito da uomini di gruppo sanguigno A.

La Genesi presenta, riguardo all'uomo e alle sue origini, un'altra tradizione "Creazione dell'uomo" (sottocapitolo del capitolo 1):

"Dio creò gli uomini a norma della sua immagine
a norma della immagine di Dio li creò;
maschio e femmina li creò.".

Poi nel capitolo 2 della Genesi si parla di Adamo ed Eva come primi esseri della specie umana:

"Il Paradiso dell'Eden - ...allora il Signore Dio modellò l'uomo con la polvere del terreno e soffiò nelle sue narici un alito di vita; così l'uomo divenne un essere vivente. Poi il Signore Dio piantò un giardino in Eden, ad oriente, e vi collocò l'uomo che aveva modellato...

Creazione della donna - ...allora il Signore Dio fece cadere un sonno profondo sull'uomo, che si addormentò, poi gli tolse una delle costole e richiuse la carne al suo posto. Il Signore Dio costruì la costola, che aveva tolto all'uomo, formandone una donna. Poi la condusse all'uomo...".

L'uomo e la donna furono cacciati dall'Eden per aver peccato mangiando la mela dall'albero della Conoscenza del Bene e del Male, frutto proibito da Dio, e da allora dovettero procurarsi il pane col sudore della fronte e partorire i figli nel dolore. I figli di Adamo ed Eva furono Caino e Abele. Caino si dedicò all'agricoltura e Abele alla pastorizia. Forse possono essere rappresentativi del gruppo sanguigno A e di quello B? La storia tra Caino e Abele finì con la morte di Abele ucciso da Caino, il quale costruì poi una città. Il gruppo sanguigno AB, figlio di un A, agricoltore, e di un B, pastore, viene definito da alcuni, tra cui Peter D'Adamo, "l'uomo nuovo" e questo potrebbe forse rappresentare la riappacificazione fra i discendenti di Caino e quelli di Abele. Se pensiamo al gruppo sanguigno AB come "l'uomo nuovo" è estremamente interessante l'aver scoperto che il sangue presente sulla Sindone di Torino è di gruppo sanguigno AB. Questo gruppo sanguigno è estremamente raro in tutti i tempi antichi, anche in quello in cui visse Cristo, e cominciò a essere presente solo col Medioevo. Il fatto che l'uomo contenuto nella Sindone fosse di gruppo sanguigno AB sta a indicare che era veramente il Cristo, l'uomo nuovo per eccellenza? Oppure sta a indicare che la Sindone è un falso realizzato dopo l'anno 1000 quando il gruppo sanguigno AB cominciò a essere più presente?

Abbiamo presentato la tradizione biblica, ora vediamo uomo e gruppi sanguigni da un punto di vista etnografico. In epoche più o meno contemporanee alla diversificazione dell'uomo nel gruppo sanguigno A e poi in quello B, che si aggiungono al gruppo 0, avviene anche un altro cambiamento: all'uomo cacciatore-raccoglitore, per lunghissimo tempo unico rappresentante della specie umana, si aggiunge l'uomo agricoltore e quello pastore. La domanda che viene da porsi è se il gruppo sanguigno 0, quello A, quello B siano connessi con essere l'uomo cacciatore-raccoglitore, o agricoltore, o pastore. Appare evidente una connessione fra gruppo sanguigno 0 e l'uomo cacciatore-raccoglitore, essendo tale gruppo sanguigno l'unico esistente dagli albori dell'umanità fino ad epoche relativamente recenti ed essendo la caccia e la raccolta dei vegetali di crescita spontanea il nutrimento dell'uomo primitivo. Più difficile appare dimostrare l'ipotesi di una connessione del gruppo sanguigno A con l'uomo agricoltore e del gruppo sanguigno B con l'uomo pastore. A suffragio di quest'ipotesi si potrebbe usare, come fa Peter D'Adamo, la statistica, con la quale si è notata una presenza maggiore, rispetto alla media globale, di gruppo sanguigno A in aree geografiche da sempre dedite all'agricoltura e una presenza maggiore, rispetto alla media globale, di gruppo sanguigno B in aree geografiche a forte prevalenza in tempi passati di pastorizia.

Studiare il nascere dell'agricoltura e le sue eventuali connessioni con i gruppi sanguigni è impresa non facile perché vuol dire risalire agli albori della civiltà.

Se ci rifacciamo alle fonti storiche per studiare l'origine della civiltà, può essere particolarmente interessante quanto scritto da Platone. Egli nei dialoghi intitolati "Crizia" e "Timeo" parla di Atlantide, città costruita sul mare in modo analogo all'attuale Venezia e dotata di canali come vie di comunicazione. I suoi abitanti sarebbero stati molto civilizzati e Platone ne descrive anche l'organizzazione e l'ordine gerarchico. Atlantide, a sentire Platone, sarebbe scomparsa inghiottita dall'acqua nello spazio di una notte tra piogge torrenziali. La conoscenza di Atlantide arriverebbe a Platone, a suo dire, dai sacerdoti egizi che ebbe la fortuna di conoscere ben prima del rogo che distrusse la biblioteca di Alessandria d'Egitto in cui scomparve gran parte del sapere antico. Secondo questa fonte l'evento della scomparsa di Atlantide daterebbe a circa 9000 anni prima. Platone visse tra il 427 e il 347 a.C., ne consegue che la scomparsa di Atlantide daterebbe a circa 12.000 anni fa, data che coincide con la fine dell'ultima glaciazione.

Con la fine dell'ultima glaciazione il mare sarebbe salito, per lo scioglimento dei ghiacci presenti sulla terra ferma, di circa 120 metri, secondo quanto afferma l'attuale ricerca scientifica. Durante la glaciazione il clima era molto rigido e la sopravvivenza per gli insediamenti urbani e l'eventuale agricoltura poteva essere, per trovare un clima un po' più temperato, soprattutto lungo le coste dell'epoca, ove il mare potesse aiutare a temperare il clima. E' molto probabile che, con lo scioglimento dei ghiacci, si sia provocata una grande umidità col risultato di piogge torrenziali che l'uomo dell'epoca avrebbe potuto vedere come unica causa della salita delle acque. In quasi tutte le tradizioni, non solo in quella biblica, è presente il diluvio universale. Il mare col finire della glaciazione sarebbe salito complessivamente di circa 120 metri e una città simile all'attuale Venezia, a cui bastano poche decine di centimetri per essere messa in crisi, sarebbe sparita in breve tempo. Un'archeologia che volesse vedere l'origine della civiltà (e le sue eventuali tracce di agricoltura) necessiterebbe di ricerche archeologiche sottomarine, ad oltre 100 metri di profondità, che per il momento ancora difficili su larga scala.

Curriculum Vitae dell'autore

LORENZO BRACCO, filosofo, medico, specialista in fisiatria, psicoterapeuta. Terapista del trauma (SE e NARM Practitioner).

Vive a Torino dove si è laureato prima in Filosofia (110/110 con lode) con Tesi di Laurea in Sociologia con il Prof. Luciano Gallino, poi in Medicina e Chirurgia (110/110 con lode).
Specializzato in Fisiatria, ha conseguito a Parigi il Diplôme de Université in Medicina Ortopedica e Terapie Manuali (Paris VI) e quello in Patologia ed Epidemiologia Tropicale opzione clinica (Paris VII).
In Francia alla scuola fondata da J. A. Lavier ha studiato Medicina Tradizionale Cinese che ha poi approfondito in Cina.

Come Psicoterapeuta è nell'elenco dell'Albo dei Medici di Torino, è membro della Federazione Francese di Psicoterapia e Psicoanalisi (FF2P) e l'Associazione Europea di Psicoterapia (EAP), con sede a Vienna, gli ha conferito The European Certificate of Psychotherapy (ECP) con l'iscrizione nel Registro Europeo degli Psicoterapeuti (ERP). Dalla Scuola Parigina di Gestalt (EPG) ha ottenuto il Diplôme International de Gestalt-Thérapeute. Ha conseguito il Master biennale in Terapie Brevi Strategiche (Arezzo), è certificato Somatic Experiencing® Practitioner (terapia del trauma secondo Dr Peter Levine) e NeuroAffective Relational Model, NARM™, Practitioner (Dr Laurence Heller).

Il suo iter psicoterapeutico personale passa attraverso

un'analisi freudiana classica con Giuseppe Luciano, terapie di Gestalt con Paul Rebillot, con Serge Ginger, con Noel Salathé e Costellazioni Familiari e Sistemiche con Bert Hellinger e i suoi diretti allievi.

Ha fatto esperienza di medicina tibetana in India e Tibet, di medicina tradizionale cinese in Francia e in Cina, di rebirthing, di primal, di co-dipendenza col Dr Thomas Trobe (Krishnananda), di Seitaï col Maestro Jean Benayoun.

Per tredici anni (1997-2010) ha seguito un processo sia terapeutico che di supervisione in psicoterapia psico-corporale con Eric Mathy (Liegi).

Segue dal 2008 un cammino personale e di studio con il Dr Laurence Heller, ideatore del NeuroAffective Relational Model, NARM™.

È ideatore della DNE®, Dieta della Nicchia Ecologica.

Integra la nutrizione nella pratica medica, psicoterapeutica e specialistica in cui pone la persona del paziente al centro di una terapia dove la scientificità della medicina si armonizza alla natura corporea, emozionale e psichica dell'uomo.

È autore di articoli e libri, tra cui:
> "DI PIATTO IN PIATTO. Viaggio nel mondo della nutrizione alla ricerca della giusta dieta";
> "DNE®. La Dieta della Nicchia Ecologica", Tecniche Nuove;
> "Il Grande Libro della DNE®"
> "ANORESSIA: i veri colpevoli", con il quale ha vinto il Premio Cesare Pavese 2013, Medici Scrittori Saggistica.
> "VOLTAR PAGINA, elaborare il lutto"

È autore con lo scrittore Dario Voltolini di:

"DA COSTA A COSTA. Cronistoria di un viaggio per mare", presentato al Premio Strega 2013 da Silvio Perrella e Marcello Fois;

"OLTRE LE COLONNE D'ERCOLE. Viaggio per mare e per terra nel tempo e nella conoscenza", presentato al Premio Strega 2014 da Daria Bignardi e Paolo Di Stefano.

RASSEGNA STAMPA

La Repubblica, 17 dicembre 2013
Il racconto dell'anoressia, intreccio e indizi.

L'anoressia raccontata come un romanzo, una trama con personaggi, un senso, molti problemi e incastri non sempre visibili, una possibile soluzione. Ci ha provato un medico, Lorenzo Bracco, 63 anni, psicoterapeuta e nutrizionista torinese. Ha scritto Anoressia. I veri colpevoli e ha vinto il premio Cesare Pavese 2013 per la sezione dedicata alla saggistica scientifica. Il suo libro racconta che l'anoressia ha molteplici concause (mediche e psicologiche, relazionali e fisiologiche), specialmente quella che colpisce le adolescenti. Ma una trentennale esperienza sul tema ha suggerito a Bracco una spiegazione ulteriore: «Sono convinto che all'origine dell'anoressia vi sia un trauma fetale, non necessariamente emerso durante la gravidanza. Ad esempio, un distacco della placenta o un parto distocico: quando accade, si richiede al sistema neurovegetativo del nascituro una risposta di estrema intensità. È molto probabile che il sistema neurovegetativo così stimolato ne risulti, alla fine, traumatizzato. Insieme a questa concausa, da riscontrarsi tra il concepimento e la nascita, ho verificato un altro aspetto importante: quasi nella totalità dei casi, la madre e la figlia anoressica non hanno lo stesso gruppo sanguigno».
Un aspetto-chiave del libro è l'approccio che occorre adottare quando l'anoressia si manifesta, o sta per manifestarsi. «Per prima cosa, bisogna liberarsi dai sensi di colpa, perché la colpevolizzazione aumenta

ancora di più il comportamento disfunzionale. Non solo è inutile, ma è anche assurdo che una madre continui a ripetere "mangia!" alla figlia. E non è neppure il caso di dare la colpa all'altra persona, come a volte accade in barca durante una tempesta. Riconoscere la differenza, nel carattere e nei comportamenti, è il primo passo per conquistare una propria identità. I genitori devono capire che la figlia anoressica non è una personalità oppositiva che si diverte a essere diversa».

Quale, dunque, un approccio giusto? «Occorre accettare e non solo accertare la presenza di una malattia assai complessa, e la necessità di una cura. Il primo passo è la terapia del trauma, perché si torni a mettere i piedi per terra. La cosa peggiore è rimuovere il problema, facendo finta che non esista, ma anche forzare le cose non serve». La novità è rappresentata da una possibile prevenzione della sindrome anoressica. «In caso di sofferenza fetale e di diversità nei gruppi sanguigni tra madre e figlia, anche se ovviamente l'anoressia non è automatica, è molto probabile che questa possa insorgere. Poi, certo, non si deve aspettare che la ragazza pesi trentacinque chili per intervenire». Tutto questo in un libro che non è un trattato medico classico, pur avendo un rigoroso taglio scientifico: «Sarà che l'ho dettato a mia moglie, che fa la guida turistica, dunque sa come si parla alle persone per farsi capire.

Volevo che il mio libro fosse di lettura semplice, proprio perché l'anoressia non lo è affatto».

Maurizio Crosetti

La Lettura - *CORRIERE DELLA SERA*
17 agosto 2014
Così abbiamo fatto pace con il cibo.
UN PADRE, UNA FIGLIA E LA BATTAGLIA (VINTA)
CONTRO L'ANORESSIA

Padre e figlia sono in vacanza al mare, è estate. Durante l'anno la figlia è spesso ai fornelli, orari e gravosi impegni scolastici permettendo. Così in queste vacanze i due hanno deciso che ci si prende una pausa sia dalla cucina che dallo studio. Per cui battono la riviera in cerca di squisitezze gastronomiche, senza preclusioni di genere: sagre popolari, ristoranti stellati, umili e veraci trattorie sono mete alla pari. Hanno un consigliere, Pilade, il titolare della simpatica palestra dove i due vanno al mattino. Un conoscitore enogastronomico della costa e dell'entroterra di tutto rispetto.

Le cose non sono sempre andate così. Pochi anni prima la ragazza, che oggi è maggiorenne, era caduta in quel dedalo molto intricato che è l'anoressia adolescenziale femminile. I genitori, come usualmente accade, si erano trovati con lei nello stesso spaesamento. Era una situazione di intenso dolore in cui i genitori ben presto, di fronte al costante perdere peso della figlia, non avevano saputo più cosa fare. Alla progressiva rinuncia al cibo rispondevano perlopiù con una progressiva insistenza a farla mangiare. Se la ragazza reagisce a questa insistenza mangiando ancora meno, ecco che un circolo vizioso ha preso il comando delle relazioni familiari, un circolo vizioso da cui sembra impossibile uscire. Paradossalmente, come oggi la ragazza vede con chiarezza, l'unica che sapeva bene cosa fare era proprio lei: mangiare sempre meno, fino a non mangiare più. In una situazione dove tutto era fuori controllo, l'unica che sembrava controllare qualcosa, cioè il cibo, era la ragazza.

Dal suo punto di vista la preoccupazione e l'ansia dei genitori in un primo momento erano esagerazioni ingiustificate. Quando in seguito si era resa conto che invece erano giustificate dal proprio stato fisico, aveva però sentito che ormai il suo comportamento si era consolidato in qualcosa che non poteva più essere cambiato.

Da questo punto di stallo non sembrava possibile muoversi in nessuna direzione. Oggi la ragazza dice che a un certo punto aveva deciso di uscire da quella situazione senza tuttavia sapere come farlo, ma che già questa decisione era stata l'inizio della soluzione. Ribadisce che, senza una decisione presa in prima persona, tutti i tentativi che altri possono fare risultano privi di forza. Solo in seguito a questo passo la ragazza è stata in grado di chiedere e ricevere aiuto, solo da questo momento in poi gli interventi terapeutici del medico nutrizionista e della psicologa, e persino quello della psicologa di sostegno ai genitori, sono diventati operativi. Lo smarrimento e la rete di colpevolizzazioni e autocolpevolizzazioni in cui tutto il nucleo familiare era caduto veniva a poco a poco sostituito da un senso di collaborazione di fronte al problema.

La via d'uscita dal dedalo è stata complicata, ha avuto accelerazioni e momenti di arresto, è costata fatica e impegno, come una battaglia che ha alti e bassi. Ma di quale battaglia si parla? Chi l'ha vissuta, chi ne è stato testimone, quale vittoria ha riportato, di quale successo è stato testimone? Può sembrare paradossale, parlando di una battaglia, ma la descrizione e la spiegazione più calzanti riguardo a questo percorso accidentato mi sembra che possano stare in un libro che è fondamentalmente un libro di pace. L'autore è il medico e psicoterapeuta Lorenzo Bracco e il libro si intitola *Anoressia. I veri colpevoli*. Pubblicato nel 2012 da BookSprint Edizioni, ha vinto il Premio Cesare Pavese 2013 Medici Scrittori Saggistica ed è recentemente stato tradotto in America.

Ciascun familiare della ragazza che oggi sta viaggiando per la costa in vacanza vi si è ritrovato, in una collocazione non conflittuale rispetto agli altri. La ragazza soprattutto.

L'autore, mentre riconosce la multifattorialità delle cause che concorrono all'insorgere dell'anoressia nelle adolescenti e quindi ribadisce come diversi percorsi terapeutici possano essere risolutivi, si concentra sui traumi avvenuti molto precocemente nello sviluppo della persona, quando era ancora nel grembo della mamma e/o avvenuti durante la nascita. In particolare, se in seguito a un evento traumatico il sangue del feto e quello della mamma vengono in contatto e se la mamma e il feto non hanno lo stesso gruppo sanguigno e i due gruppi sanguigni non sono compatibili, scatta un allarme biologico tra la mamma e la creatura che porta in sé. Secondo questa lettura, le future difficoltà della ragazza quando sarà adolescente nei confronti della mamma e viceversa si basano su questo allarme biologico.

Spiegata in questo modo, la differenza fra la mamma e la figlia diventa un semplice fatto di cui nessuno ha colpa alcuna e un'adeguata terapia del trauma originario può ricondurla a essere una ricchezza e non un conflitto, come normalmente è quando non sia scattato l'allarme biologico dovuto al contatto di due gruppi sanguigni incompatibili.

Oltre alle argomentazioni scientifiche e alle ipotesi terapeutiche che contiene, come ad esempio la possibilità di interventi preventivi sull'anoressia adolescenziale femminile, il libro ha un'anima rasserenante e vitale.

Per tornare alla domanda su quale battaglia la ragazza abbia combattuto e della curiosa circostanza che proprio in un racconto di pace questa battaglia è vista con tale chiarezza che la ragazza leggendolo si è subito ritrovata (e, si può dire, accolta), il dato più evidente è che qui si parla di una battaglia che non è combattuta contro qualcuno o qualcosa, ma al contrario è combattuta per qualcosa: la ragazza si batte in mezzo a mille difficoltà perché è alla ricerca della propria identità.

I familiari così possono vedere la ragazza in una prospettiva che è di crescita e di evoluzione, per quanto doloroso e complicato sia oggi crescere ed evolvere, e non di blocco, di stallo, di paralisi.

A questo riguardo la ragazza ribadisce, e chi le sta vicino può testimoniare come sia vero, che quel momento in cui aveva preso la decisione di uscire dal dedalo anche se non sapeva come farlo è stato un momento di passaggio, come fosse una cruna stretta stretta.

È stata una tappa nella sua ricerca, come lo è stata per i suoi familiari. Ora dice che così l'ha vissuta lei, che nel libro ha trovato bene espressa e chiarita questa sua storia. Ha trovato che ci sono spiegazioni a comportamenti, sensazioni e emozioni che possono altrimenti apparire privi di logica e così aumentare il disorientamento. Che ci siano al contrario delle ragioni, dei perché, è invece molto rasserenante. Ci tiene ad aggiungere che si tratta di un percorso personale, anzi personalissimo, ed è certa che ciascuna ragazza in quelle circostanze trova le proprie vie, che sono, o forse addirittura devono essere, differenti da quelle di ciascun'altra.

Ora, nel racconto della ragazza così come nel racconto del libro di Lorenzo Bracco si trova la stessa convinzione che le differenze sono una ricchezza. E questo, sebbene spesso appaia come molto difficile da raggiungere, ha tutto l'aspetto di essere un buon punto di arrivo.

Evelina e Dario Voltolini

GIOIA, N. 28, 17 luglio 2014
Se il problema è nel sangue.

«L'anoressia ha così tante cause: siamo sicuri di aver identificato quelle fondamentali?». Se lo chiede Lorenzo Bracco, 64 anni, torinese, medico esperto di nutrizione, psicoterapeuta, terapista del trauma, nel libro "Anoressia. I veri colpevoli" (BookSprint Edizioni), che gli è valso il premio Cesare Pavese 2013, per la sezione Medici scrittori, Saggistica. Bracco segue le teorie di Laurence Heller, psicologo americano, ideatore del Narm (Neuroaffective relational model), il modello terapeutico che indaga i traumi avvenuti in età evolutiva per curare alcune sofferenze. E proprio in questo sta l'intuizione di Bracco: un trauma avvenuto prima della nascita (per esempio un distacco di placenta) o durante un parto difficile, può scatenare il disturbo alimentare in età adolescenziale. Il sistema neurovegetativo del nascituro viene stressato in maniera tale che, se non curato nel modo giusto, ne porterà i segni per sempre e questi, uniti ad altri disagi di tipo familiare, nutrizionale, sociale, diventano una concausa dell'anoressia. Altra teoria affascinante: Bracco ha scoperto che madri e figlie anoressiche non hanno lo stesso gruppo sanguigno (per esempio la madre può essere 0 e la figlia A). Se nelle trasfusioni la compatibilità è vitale, una quantità limitata di sangue sbagliato scatena comunque un allarme biologico. La difficoltà di relazione tra madre e figlia può dipendere quindi dal fatto che i due gruppi sanguigni sono entrati in contatto prima o al momento del parto. «Durante la mia esperienza trentennale con pazienti che soffrono di questi disturbi non ho mai visto una cartella clinica che riportasse il gruppo sanguigno», precisa Bracco. «Poiché l'anoressia è multifattoriale, non esiste un unico approccio terapeutico. Ecco quindi che la conflittualità biologica e il trauma pre o post natale possono aiutare a orientarsi per tempo nella diagnosi e nella terapia».

Ornella Ferrarini

VIVERE LIGHT, ottobre 2014
Conflitti madre-figlia:
e se il problema fosse il gruppo sanguigno?
Il gruppo sanguigno diverso tra madre e figlia potrebbe portare a conflitti durante l'adolescenza, compresi noti disturbi alimentari come l'anoressia. È la teoria del Dott. Lorenzo Bracco, che abbiamo intervistato.

Spesso, durante l'adolescenza, esplodono tra madri e figlie conflitti le cui cause sono difficilmente comprensibili, e che a volte sfociano in disturbi alimentari tipici di quell'età, come l'anoressia. Ne abbiamo parlato con il Dott. Lorenzo Bracco, medico e psicoterapeuta, autore del libro "Anoressia. I veri colpevoli", dove espone una tesi del tutto nuova sull'argomento, evidenziando due importanti fattori che accomunano le ragazze colpite dall'anoressia: un trauma fetale e/o alla nascita e il gruppo sanguigno diverso da quello della madre.

Dott. Bracco, la sua ricerca sul rapporto madre-figlia parte da un'analisi dell'anoressia. Ci spiega, secondo lei, da cosa è generata?

L'insorgere dell'anoressia è favorito da diversi fattori concomitanti. Spesso il quadro famigliare è composto da un padre presente-assente (c'è ma non prende posizione), una madre che tende a prevalere, non lascia spazio al marito nello svolgere il suo ruolo di padre ed è molto allarmata nei riguardi della figlia, la quale spesso si presenta come una ragazza molto intelligente che, con grande fatica, cerca il suo spazio esistenziale nel mondo. In generale, si tratta di una famiglia che non ha una buona educazione alimentare e presenta una comunicazione emozionale disfunzionale. Il concorrere di questi diversi fattori spiega perché, ad esempio, terapie molto diverse tra loro possono dare risultati positivi: interferendo anche su una sola di queste cause, l'anoressia può risolversi.

All'interno della stessa famiglia però può capitare che una figlia sia anoressica e l'altra no.

Questo accade perché, secondo la mia esperienza, ci sono altre due condizioni che si rivelano decisive e che possono riguardare una figlia e non l'altra: la differenza di gruppo sanguigno (0, A, B o AB) tra madre e figlia, e un trauma fetale (ad esempio un distacco di placenta, un parto distocico, ecc...). Se non si verificano questi due fatti, la differenza di gruppo sanguigno e il trauma, o se vengono affrontati nel modo giusto, l'anoressia non si scatena.

Quindi la differenza di gruppo sanguigno tra madre e figlia può generare ostilità e disagi fino a scatenare persino l'anoressia?

Sappiamo bene che una trasfusione di sangue incompatibile (ad esempio una persona di gruppo 0 che riceve sangue del gruppo A) può rivelarsi mortale. Se una persona invece di ricevere una grande quantità di sangue, come accade in una trasfusione, ne riceve solo poche gocce non muore, però il suo organismo entra in uno stato di allarme. Se il sangue di una madre appartiene a un gruppo diverso da quello del feto e se questi vengono in contatto fra loro a seguito di un trauma, si instaura questa situazione di allarme. Se a sua volta questo stato di allarme non viene risolto, può trasformarsi in un conflitto che col tempo tende a ingigantirsi.

Non c'è modo di risolvere la situazione di conflitto?

L'esempio che io faccio sempre è quello di due persone su una barca in mezzo alla tempesta: è la condizione del feto e della madre se durante la gravidanza ci sono eventi traumatici complicati dalla differenza di gruppo sanguigno. Il pensiero umano, purtroppo, in- vece di cercare di fare fronte comune contro "la tempesta" e attraversarla, ha come prima tendenza quella di dare la colpa all'altro, creando così una situazione di conflitto. Eppure, la differenza di gruppo sanguigno di per sé, in assenza di traumi o una volta che questi siano stati debitamente curati, sarebbe fonte di ricchezza. In una famiglia, al pari di una collettività più ampia come quella di una nazione, le differenze tra i suoi membri sono una risorsa e vanno integrate fra loro anziché cercare di annullarle.

Lei cosa suggerisce di fare?

Le terapie sono molte. Personalmente sono favorevole alla terapia del trauma (vedi sotto). Bisogna capire che il trauma non è l'evento in sé, ma la gestione che ne viene fatta dal sistema neurovegetativo della neonata, la quale, per sopravvivere, non potendo fare altro, tende ad "anestetizzarsi". Se questo aspetto non viene affrontato nel modo giusto, ovviamente dopo la nascita e nel corso della crescita della bambina, questa "anestesia" delle emozioni e dei sentimenti verrà portata avanti, a volte anche esasperandosi, fino all'età adulta. È giusto, inoltre, imparare a vedere il lato positivo degli eventi, anche quelli in apparenza traumatici o più difficili da comprendere. A volte, la madre vede sua figlia un po' "strana", quando in realtà è semplicemente diversa da lei, magari perché somiglia più al padre. Questo può accadere, per differenze caratteriali, anche quando non sussiste la differenza di gruppo sanguigno, ma tanto più tali conflitti possono instaurarsi quando avvengono le condizioni sopra citate. In ogni caso, si dovrebbe imparare a non soffocare le differenze, imparando ad apprezzarle e valorizzarle.

Ma tutto questo vale anche per il rapporto con un figlio maschio?

L'adolescenza per un figlio maschio è diametralmente diversa rispetto a una figlia femmina: il maschio, con l'adolescenza cerca il suo posto nel mondo maschile mentre la femmina lo cerca in quello femminile. Un eventuale conflitto con la madre può essere, per la figlia, ulteriore fonte di problema nel trovare il proprio posto nel mondo femminile perché i processi di identifica- zione nel femminile sono resi più difficili dal suddetto conflitto con la madre. L'anoressia la porta a essere come in uno stato precedente, senza ciclo mestruale e senza quegli attributi femminili, seno e sinuosità, che comincia- vano a manifestarsi. È una pseudo soluzione alla difficoltà di trovare il proprio posto nel mondo delle donne adulte.

La terapia del trauma.

L'autoregolazione permette all'organismo di ogni animale di tornare a riposo dopo essersi attivato per far fronte a un evento. Se tale autoregolazione non avviene o se avviene in misura insufficiente, l'evento viene vissuto come traumatico. Aiutare l'organismo dell'individuo nell'autoregolazione è aiutarlo a trasformare un evento da traumatico a evento che arricchisce l'esperienza della vita, e questo è l'obiettivo di ogni terapia del trauma. Questo vuol dire aiutare la persona a percepire consapevolmente nel momento presente il proprio corpo, le proprie emozioni, i propri pensieri, ad acquisire una crescente capacità di autoregolazione e a uscire da quella sensazione di "sconnessione" che rende la vita faticosa nel gestire relazioni, emozioni e le stesse funzioni fisiologiche, quali digestione, sonno, respirazione. Un valido esempio di terapia del trauma è la NARM, NeuroAffective Relational ModelTM, del Dr. Laurence Heller, potente strumento per ristabilire quella "connessione" con sé e il mondo che può essere stata messa in forse da eventi intercorsi molto precocemente nella vita dell'individuo.

Roberta Mastruzzi.

TORINO MEDICA, anno XXIV, numero 12, dicembre 2013
LA RIVISTA DELL'ORDINE DEI MEDICI CHIRURGHI E ODONTOIATRI DELLA PROVINCIA DI TORINO
INNOVATIVO

Premio Cesare Pavese 2013, Medici Scrittori Saggistica, "Anoressia. I veri colpevoli" di Lorenzo Bracco, medico e psicoterapeuta. "Lorenzo Bracco fa un'approfondita ricerca dei veri colpevoli e indica nuove prospettive per conoscere e curare un profondo malessere esistenziale.

Conosco bene questo libro sull'anoressia, argomento che tanto interesse desta oggigiorno, e a quanto detto sui suoi meriti scientifici posso aggiungere che è scritto con una spiccata verve narrativa, alla doctor House per intenderci, tanto da essere un'avvincente lettura fruibile da tutti, di possibile amplissima diffusione".

(Dario Voltolini)

Una ricerca di taglio scientifico quella di L. Bracco che secondo, l'autore, è destinata ad innovare la prospettiva di studio sul di- sturbo alimentare, ancora oggi però tema scottante del dibattito medico, psicologico e culturale su cui studiosi di fama internazionale non hanno ancora trovato un punto fermo. L'autore non dà certezze, né tanto meno ricette. Propone invece una teoria, cioè la relazione tra disturbo alimentare e gruppo sanguigno, ancora da verificare, validare e discutere ma che certamente può rappresentare una tematica su cui interrogarsi. Forse un libro coraggioso che sfida le grandi questioni aperte e insolubili sui DCA. Un libro che propone infatti una risposta ad una domanda che sembra per molti

rimanere insoluta. Lorenzo Bracco va oltre e cerca i colpevoli: una medical series (come si legge in Quarta di copertina) che nulla ha da invidiare alle più avvincenti fiction americane.
Lorenzo Bracco, ANORESSIA. I VERI COLPEVOLI, BookSprint Edizioni, 2012, Pagine 222 Euro 14,60
Letto da Redazione Torino Medica

PERIODICO ORDINE MEDICI CHIRURGHI E ODONTOIATRI DI NAPOLI, nov. 2013
Un medico vince il Premio Pavese
Lorenzo Bracco s'impone con il saggio dedicato all'anoressia.

Stavolta facciamo un'eccezione alla nostra regola di recensire solo i testi dei colleghi iscritti al nostro Ordine e parliamo di un volume che, nientemeno, ha vinto il Premio «Cesare Pavese 2013» sezione Medici scrittori Saggistica, giunto alla trentesima edizione. Il libro vincitore è «Anoressia. I veri colpevoli», (Ed. Book Sprint, 2013, pagine. 222, 19.50 euro, disponibile anche in edizione ebook) ed è stato scritto da Lorenzo Bracco. La deroga – il collega è iscritto all'MM di Torino – è giustificata dalla qualità e dal valore del contenuto. Infatti il libro si è imposto di fronte ai critici di un Premio che viene assegnato a letterati e intellettuali capaci di elaborare idee originali che consentano di analizzare, da punti di vista inesplorati, tematiche attuali o storiche.
Ed è proprio in questo contesto che si colloca «Anoressia», per superare il senso comune ed evitare la facile colpevolizzazione.
Il libro è stato condotto con le modalità della medical

serie televisiva, alla "doctor House", tanto per intenderci. C'è suspense nello scoprire quelli che sono "i veri colpevoli". Perché si rischia di creare ingiustamente delle colpevolizzazioni. Secondo Bracco, la caratteristica costante è che la figlia anoressica non ha mai il gruppo sanguigno della propria madre. La differenza di gruppo sanguigno 0, A, B, AB, sarebbe quindi una concausa necessaria, anche se da sola non sufficiente, per lo scatenamento dell'anoressia. L'agile saggio porta avanti teorie innovative con argomentazioni coraggiose, sempre corredate di dati scientifici: l'autore va alla ricerca delle vere cause di questa patologia. Nei protocolli classici di indagine il gruppo sanguigno non compare. Da qui è nato tutto lo studio la cui proposta terapeutica introduce la NARM, ovvero Neuro Affective Relational Model, un modello integrato di terapia del trauma delle età evolutive.

Alla domanda su come debba comportarsi una mamma che partorisce una figlia non del suo gruppo sanguigno, la risposta di Lorenzo Bracco è decisa: «La figlia non è, nel caso dell'anoressia, una persona che è gratuitamente conflittuale, bensì è una persona che in mezzo a mille difficoltà sta cercando la propria identità e – nel rispetto della differenza – è possibile favorire la ragazza nella sua ricerca post-traumatica».

Oltre agli indiscutibili meriti scientifici, dobbiamo aggiungere che il libro vincitore del Pavese 2013 è scritto con una spiccata verve narrativa tanto da essere un'avvincente lettura adatta a un pubblico vasto. Insomma, un'opera veramente bella e soprattutto utile, alla quale auguriamo la più ampia diffusione possibile.

Francesco Iodice

OGGI7, 1 DICEMBRE 2013
MAGAZINE DOMENICALE DI AMERICA OGGI
Quotidiano in lingua italiana edito in USA
MEDICINA & LETTERATURA
Dalla diagnosi alla terapia: un percorso da detective.
Le ricerche di Lorenzo Bracco, gli studi in Italia e le
scoperte fatte negli USA.
Anoressia: colpa di chi?

Intervista di Dario Voltolini

BRACCO è molto soddisfatto di ricevere il Premio
Cesare Pavese 2013, Medici Scrittori Saggistica, per il
suo libro **«Anoressia. I veri colpevoli»**, BookSprint
Edizioni. Il libro è acquistabile in e-book oppure in
cartaceo essenzialmente on line sui siti di vendita di
libri. La premiazione a Santo Stefano Belbo avviene in
una location di splendidi paesaggi ricchi di storia, fra
nomi illustri della cultura italiana.
*«Sono particolarmente onorato di ricevere questo
premio che riconosce l'innovazione che si sta portando
alla terapia dell'anoressia. Oltre a quanto
classicamente si è già detto riguardo alla famiglia, alla
madre, al padre, alla figlia anoressica e alle dinamiche
dei loro rapporti, oggi si aprono nuove prospettive
focalizzate soprattutto sulla terapia del trauma».*
Il tema dell'anoressia è di particolare attualità e, per
l'idea che me ne sono fatto, direi che le ricerche
contemporanee sui disturbi alimentari vedono
l'anoressia come conseguenza di più cause,
psicologiche, sociali, mediche, nutrizionali.
*«Sono d'accordo, più cause sono a monte di anoressia
e disturbi alimentari. Questo spiega anche come
terapie apparentemente diverse, ma ognuna mirata su
una delle concause, possa interferire positivamente*

sull'andamento del disturbo. Data la premessa che più concause sono a monte di anoressia e disturbi alimentari, se non si identificano veramente tutte le cause si rischia di dare un'importanza eccessiva a un aspetto che è concausa, ma che non è fondamentalmente "il colpevole" di tutta la storia. Si rischia di creare colpevolizzazioni che non sono di alcuna utilità operativa. Ad esempio, famiglie in cui c'è un'anoressica vengono alle volte colpevolizzate quando in realtà ognuno all'interno di esse, genitori, figlia, eventuali altri figli, non riesce a comportarsi in modo diverso senza un aiuto specifico ben mirato. Il paradosso è che la colpevolizzazione solitamente aumenta ancora di più il comportamento disfunzionale».

Il libro, pur essendo un trattato scientifico rigoroso, è scritto in modo tale da essere un'avvincente lettura per chiunque, condotto come uno dei migliori episodi di una medical serie televisiva, ad esempio Doctor House, dove il percorso per giungere alla diagnosi e alla terapia è simile a quello di un detective alla Sherlock Holmes. In questo senso il sottotitolo è rivelativo: *"I veri colpevoli"*. Poco alla volta, di pagina in pagina, scopriamo come problemi di rapporto, in particolare quello tra madre e figlia, possono essere conseguenza di una causa traumatica e come si possa intervenire con una terapia specifica del trauma.

«Sì, terapia dei traumi, soprattutto di quelli molto precoci, ovvero quelli avvenuti tra il concepimento e la nascita e quelli avvenuti nel primo periodo dopo la nascita. Per sopravvivere a un evento fortemente drammatico quale ad esempio un distacco di placenta, o un parto distocico, si richiede al sistema neurovegetativo di questo essere all'inizio della vita

una risposta di intensità estrema. Il sistema neurovegetativo così stimolato è molto probabile che ne resti traumatizzato. Questi traumi, se non curati, lasciano traccia nel carattere di chi li ha subiti e, come per effetto domino, vengono ad essere alterate anche le relazioni con il mondo esterno. Come poter pensare che il rapporto con i genitori, in particolare con la madre, non ne risenta? A questo riguardo nella mia proposta terapeutica introduco la NARM, ovvero Neuro Affective Relational Model. È un modello integrato di terapia del trauma delle età evolutive ideato e messo a punto dal dottor Laurence Heller, non ancora molto conosciuto in Italia, ma che sta avendo successo negli Stati Uniti».

Bracco è medico, specializzato in fisiatria, psicoterapeuta, membro dell'Associazione Europea di Psicoterapia con sede a Vienna, Gestalt Terapeuta, Somatic Experiencing Practitioner, ovvero terapista del trauma secondo Peter Levine, e da anni segue un cammino personale e di studio con il dottor Laurence Heller. In ambito nutrizionale ha pubblicato l'ormai introvabile *"Di piatto in piatto. Viaggio nel mondo della nutrizione alla ricerca della giusta dieta"* e *"DNE, Dieta della Nicchia Ecologica"*, in cui presenta un'alimentazione e uno stile di vita equilibrati e rispettosi dell'individualità propria di ogni essere umano, integrati abitualmente nella sua pratica medica e psicoterapeutica. La sua formazione sembra tagliata su misura per l'anoressia, in cui l'aspetto medico, l'aspetto psicologico e l'aspetto nutrizionistico si intersecano in legami strettissimi in cui bisogna accompagnare con una terapia a tutto tondo la persona in questione e la sua famiglia in un processo evolutivo.

Per quanto abbiamo detto finora, si potrebbe pensare che questa indagine sull'anoressia, condotta con abilità narrativa che rende il libro di piacevole lettura, sia la naturale conseguenza solo del suo background culturale e della sua pratica terapeutica. Ma leggendo il suo libro ci si rende conto che oltre a ciò è presentato un approccio completamente nuovo al tema dell'anoressia. Un'intuizione all'origine del suo lavoro ha permesso al dottor Bracco di indagare una causa che non era mai stata evidenziata prima.

«Sì. Sono molto orgoglioso che il Premio Cesare Pavese, sempre attento alle innovazioni nel campo della ricerca, mi riconosca di avere indicato nuove prospettive per conoscere e curare questo profondo malessere esistenziale. Circa vent'anni fa, grazie a un evento fortuito che adesso non racconto per non togliere il gusto di scoprirlo leggendo il libro, mi resi conto dell'importanza, come concausa necessaria dell'anoressia adolescenziale femminile, di una specifica differenza biologica presente tra madre e figlia».

Ma ci dica un po' di più, siamo troppo curiosi.

«Va bene, racconto la storia un po' più distesamente. La cosa che mi è capitata è un pochellino come la mela caduta sulla testa di Newton. Ecco come all'epoca è nata la storia. Stimolato da una paziente che voleva avere al riguardo un mio parere, stavo studiando la dieta dei gruppi sanguigni 0, A, B, AB, di Peter d'Adamo, quando, forse incuriosito da quanto avevo appena letto, in modo quasi fortuito chiesi il gruppo sanguigno a una giovane paziente accompagnata dalla mamma. Erano una madre e una figlia, anoressica anche se non si definiva tale, con problemi relazionali di lunga data. Molto

probabilmente la gravidanza era stata difficile, una gestazione che non era proprio stata liscia liscia, un inizio della vita della figlia in questione che appunto non è stato dei più facili. A questo punto arriva la "mela", che nel tempo mi si confermerà sempre più essere una caratteristica costante in tutte queste storie che riguardano le figlie anoressiche».

Se ho capito bene sta dicendo che tante sono le figlie che hanno avuto una gravidanza difficile quando erano nella pancia di mamma ma, senza questa caratteristica costante, questo non basta perché diventino anoressiche.

In quel momento della storia balenò qualcosa di inatteso. La madre, alla mia domanda rivolta alla figlia, intervenne con veemenza: "Non ha il mio gruppo sanguigno!". "Curioso" pensai, anziché irritarmi per l'intrusione della madre, e da lì in poi presi l'abitudine di chiedere a ogni anoressica il gruppo sanguigno suo e della madre. Con mio grande stupore, la risposta era sempre la medesima. Il risultato negli anni è stato il seguente: la caratteristica costante è che la figlia in questione non ha il gruppo sanguigno della propria madre. Ciò mi fu confermato dall'osservazione di famiglie in cui vi erano più figlie. Stesso padre, stessa madre, stesso contesto, una sola anoressica: guarda caso la figlia che non aveva il gruppo sanguigno della madre. La differenza di gruppo sanguigno 0, A, B, AB, sarebbe quindi una concausa necessaria, anche se da sola non sufficiente, per lo scatenamento dell'anoressia.

Nei protocolli classici di indagine, oggigiorno il gruppo sanguigno 0, A, B, AB non compare, neppure, per quanto mi è dato sapere, riguardo alle anoressiche. Infatti, dopo un exploit nei primi trent'anni dopo la scoperta dei gruppi sanguigni in cui venivano presi in considerazione nei protocolli di ricerca più disparati, attualmente, se non vi sono specifici motivi, quali interventi chirurgici programmati, anemia, eccetera, il gruppo sanguigno del paziente non necessariamente compare nelle cartelle cliniche, tantomeno quello della propria madre. Senza questo evento, che io considero una grossa fortuna, non avrei neanch'io mai preso in considerazione la differenza di gruppo sanguigno tra madre e figlia nell'anoressia e tutto questo mio studio non ci sarebbe stato».

Cosa risponderebbe a una donna che le domandasse: "Se io partorisco una bambina che non ha il mio stesso gruppo sanguigno, cosa capita?".

«Se partorisce una bambina che non ha il suo gruppo sanguigno: la stessa cosa può essere vista da due angoli prospettici diversi, con di conseguenza due risultati completamente diversi. Uno può portare all'aumento di una conflittualità reciproca madre-figlia che sono biologicamente così diverse. Non dimentichiamo che una madre, ad esempio gruppo sanguigno 0, se si trova ad avere un feto di gruppo sanguigno A dentro di sé, nel caso che il sangue del gruppo sanguigno A venga a mescolarsi con quello del gruppo sanguigno 0, questo sarebbe equivalente a una trasfusione sbagliata per il gruppo 0. Una trasfusione sbagliata può arrivare fino ad essere letale. Non c'è da stupirsi se, durante la gravidanza, vi sia una sensazione di grande allarme da parte della madre verso la figlia in questione, soprattutto se la gravidanza sia caratterizzata da uno o più fatti traumatici. La compresenza di fatti traumatici slatentizzerebbe la sensazione di allarme verso il feto di gruppo sanguigno diverso e tale diversità verrebbe

ad essere sentita come traumatica anch'essa. In assenza di eventi traumatici, o debitamente curati con un'adeguata terapia del trauma se avvenuti, la differenza anziché essere interpretata come allarme può essere fonte di ricchezza».

*Ringrazio tutti coloro
che mi hanno aiutato in questo lavoro
e in particolare
mia moglie Giovanna*

Dello stesso autore:

English Edition:

Lorenzo Bracco, "ANOREXIA: The Real Causes" (Cesare Pavese Award 2013 for Nonfiction Medical Writing). Paperback and ebook.

Edizioni italiane:

Lorenzo Bracco, "VOLTAR PAGINA, elaborare il lutto". Edizione cartacea ed ebook.

Lorenzo Bracco, "DI PIATTO IN PIATTO. Viaggio nel mondo della nutrizione alla ricerca della giusta dieta" (attualmente non disponibile).

Lorenzo Bracco, "DNE®. La Dieta della Nicchia Ecologica", Tecniche Nuove. Edizione cartacea e digitale.

Lorenzo Bracco, "Il Grande libro della DNE® Dieta della Nicchia Ecologica". Edizione cartacea e digitale.

A quattro mani con Dario Voltolini:

Lorenzo Bracco e Dario Voltolini, "DA COSTA A COSTA. Cronistoria di un viaggio per mare". Edizione cartacea ed ebook.

Lorenzo Bracco e Dario Voltolini, "OLTRE LE COLONNE D'ERCOLE. Viaggio per mare e per terra nel tempo e nella conoscenza". Edizione cartacea ed ebook.

www.ingramcontent.com/pod-product-compliance
Lightning Source LLC
Chambersburg PA
CBHW060616290526
45793CB00001B/43